D1556993

EL AYUNO INTERMITENTE

Carlos Pérez
Néstor Sánchez

EL AYUNO
INTERMITENTE

Gana salud, energía y libertad potenciando
los recursos naturales de tu organismo

URANO

Argentina – Chile – Colombia – España
Estados Unidos – México – Perú – Uruguay

1.ª edición Octubre 2020

© 2020 *by* Ediciones Urano, S.A.U.
Plaza de los Reyes Magos, 8, piso 1.º C y D – 28007 Madrid
www.edicionesurano.com

ISBN: 978-84-17694-16-6
E-ISBN: 978-84-18259-28-9
Depósito legal: B-15.649-2020

Fotocomposición: Ediciones Urano, S.A.U.
Impreso por Rodesa, S.A. – Polígono Industrial San Miguel – Parcelas E7-E8
31132 Villatuerta (Navarra)

Impreso en España – *Printed in Spain*

Índice

Dedicatoria

De Néstor:

A Carlos: de ti aprendí, y sigo aprendiendo, que la vida es emoción.

A mi madre, que me regaló su creatividad y pensamiento lateral.

A mi padre, del que he heredado su pasión por el estudio.

A mi hermano, que durante muchos años abrió camino para que mi vida fuera más fácil.

A Blanca, que me da cada día su amor y su apoyo, sin ella este libro hubiera sido imposible.

A Candela, porque mirarla es desear un mundo mejor, y de eso va este libro.

De Carlos:

A Néstor: estoy orgulloso de ti y feliz de que formes parte de mi vida.

Para Nico, Sergi y Mel con AMOR.

Para mi familia, con enorme cariño.

De los dos:

Al resto del equipo Regenera, Xavi Cañellas y David Vargas: formamos una familia y un equipo extraordinario. Gracias por todo lo que nos dais.

A todos nuestros pacientes, alumnos y seguidores, nuestros verdaderos maestros.

Prólogo de Marcos Llorente

El ayuno forma parte de mi vida. Ayuno a diario, es algo tan normal en mí que no pienso que estoy ayunando ni me paro a media mañana y digo: «Ah, estoy en ayunas…». Es lo que me pide el cuerpo. Por las mañanas, cuando me levanto, lo último que me pide el cuerpo es comer, mi organismo rechaza la comida a esas horas. Desde que empecé a hacerlo, soy más feliz, disfruto y valoro más las comidas y me resulta más cómodo.

Desde pequeños nos meten en la cabeza que hay que desayunar, incluso que es la comida más importante del día, ¡qué gracia me hace! Que no os engañen. Yo compito en la élite y voy a entrenar en ayunas, y no, no me desmayo ni estoy loco; al revés, cuando desayuno me siento mal, pesado… Mi cuerpo se ha acostumbrado a hacer ejercicio sin comida en el estómago.

¿Qué tiene este libro que no tienen otros? Pues el sello de identidad de Regenera: máxima rigurosidad científica al mismo tiempo que sencillez y cercanía para que esté al alcance de todos. Regenera forma parte de mi equipo de trabajo y, para mí, ellos son los mejores. Muestra de ello es este libro que Carlos y Néstor han hecho, que es un regalo para cualquier persona que quiera mejorar y cuidar su salud. Otro aspecto clave para mí es lo fácil que te lo ponen, no tienes excusa. ¡Empieza tu nueva vida con su apoyo!

MARCOS LLORENTE,
jugador de fútbol profesional del Atlético de Madrid

Prólogo de Ibai Gómez

Nunca es fácil escribir unas palabras que signifiquen tanto, que formen parte de algo tan importante como lo que estáis a punto de empezar. Os aseguro que esto no es solo un libro, es mucho más que eso. Es un viaje a vuestra mejor versión, al desarrollo de nuevas emociones, al «mi cuerpo es esa máquina perfecta de la que tanto he oído hablar».

Tras varios años trabajando de la mano de Carlos, Néstor y el resto del equipo Regenera Élite, solo puedo dar las gracias por encontrármelos en el camino. Decir que los admiro es quedarme corto. Formación, experiencia, pasión, dedicación; he visto cada una de esas cualidades reflejadas en ambos. No tardé en depositar mi confianza plena en ellos; y es que, cuando ves resultados, cuando ves que todo encaja, cuando te despiertas y te acuestas con la sensación de que SÍ, eres capaz de comerte el mundo, no hay muro que te detenga.

El ayuno me ha acompañado en estos últimos años (y me acompaña) como el mejor de los aliados: entrenar por la mañana en ayunas, siempre; jugar un partido en ayunas, totalmente viable; coger la bicicleta y hacerme una buena cantidad de kilómetros en ayunas, una sensación maravillosa. Hasta hace unos años eso para mí era impensable. ¿Cómo iba a salir de casa sin desayunar? ¿Y entrenar? No tendría fuerza si no ingería alimentos previamente. ¡Cuánta ignorancia! Ahora, hago balance y pienso: ¡Ojalá hubiese aprendido los beneficios del ayuno antes!

Disfrutad de cada palabra, de cada frase y temática que aborda este libro. Os aseguro que aprenderéis mucho y, sobre todo, si, como yo, depositáis vuestra confianza plena en Carlos y Néstor, alcanzaréis vuestra mejor versión y, sin lugar a dudas, ganaréis algo cuyo valor es totalmente inconmensurable: SALUD.

IBAI GÓMEZ,
jugador de fútbol profesional del Athletic Club de Bilbao

Introducción

Nosotros, Néstor Sánchez y Carlos Pérez, nos conocimos en 2005 en el Máster de Psiconeuroinmunología Clínica de la Universidad de Girona. Desde entonces, nos une una misma pasión, que es la divulgación de una manera determinada de entender la salud. Con esa misión, hemos creado muchas cosas maravillosas, como la fundación de Regenera en 2006 junto a nuestros socios Xavi Cañellas y David Vargas.

Regenera aplica la Psiconeuroinmunología Clínica (PNI) a la formación de alumnos, al asesoramiento de deportistas de élite con su proyecto Regenera Élite, al tratamiento de la fertilidad natural, con su rama de Regenera Fertility, y a la terapia particular.

Tras más de quince años ayudando a personas a mejorar en nuestras consultas a través de la PNI, este libro surge de la necesidad de traspasar las fronteras de la clínica y ayudar a la mayor cantidad posible de personas a recuperar su autonomía, sus capacidades y su salud. Estamos convencidos de que aumentar el número de personas más sanas, más felices y libres para tomar las decisiones acertadas nos encaminará a todos hacia un mundo mejor.

Por qué creemos que este libro es necesario

Si algo define al ser humano, es su capacidad de adaptación. Hemos conseguido vivir en los desiertos más calurosos y en los dos polos. Somos capaces de correr muchos kilómetros, escalar grandes montañas y sobrevivir a las mayores adversidades.

¿Qué nos ha pasado entonces para que ahora no podamos subir las escaleras hasta un primer piso, no toleremos ni el frío ni el calor o «necesitemos» comer cada dos horas? La respuesta, para nosotros, está clara: nos hemos atrofiado.

Existe una ley en fisiología que enuncia que adaptación es pérdida de función: para progresar, hay que estimular los mecanismos de mejora. Si quieres correr más rápido, tienes que cansarte; si quieres aprender, tienes que darte cuenta de que no sabes lo suficiente. Solo cuando lo necesitamos sentimos una fuerza en nuestro interior que nos impulsa a avanzar.

Al rodearnos de estufas, patinetes eléctricos y acceso constante a la comida, la fuerza que nos impulsa a mejorar desaparece. Y créenos: quien no crece, decrece... Sí, paradójicamente, la sociedad del bienestar produce malestar físico y emocional, como seguramente habrás comprobado en tu propio organismo y como vamos a describir capítulo a capítulo.

Una breve historia de la humanidad

Durante el 95 % de nuestra evolución como especie, a lo largo de 2,5 millones de años, hemos vivido como cazadores-recolectores, comiendo básicamente lo que nos procuraba la naturaleza. En el otro 5 % restante de esa evolución, cuando dejamos de ser cazadores-recolectores, vivimos dos grandes revoluciones: la penúltima, el Neolítico, hace aproximadamente unos 10.000 años, caracterizado por el abastecimiento de comida a través de la ganadería y la agricultura, que sumaron a nuestra dieta los cereales, las harinas, las legumbres y los lácteos. Y la última, la Revolución Industrial de hace solamente doscientos años, donde empiezan a introducirse los destilados, el aceite de girasol, las margarinas, los azúcares refinados y otros productos procesados que son, para nuestro tubo digestivo, cualquier cosa menos un alimento.

Así han vivido 76.000 generaciones humanas. Tan solo las últimas trescientas generaciones han estado en contacto con cereales, legumbres y lácteos y solo cuatro con productos procesados como los que ingerimos ahora. Nuestro cuerpo no ha tenido tiempo para asimilar esos productos no naturales, ni mucho menos los pesticidas, colorantes, conservantes y demás químicos de la industria alimentaria.

¿Qué implica toda esta herencia?

• Seguimos necesitando comer alimentos que, a día de hoy, todavía juegan un papel clave en la regulación de nuestra salud, a saber: la carne, el pescado, el marisco y los huevos, todos ellos ricos en grasas esenciales para prevenir la inflamación o regenerar nuestro sistema nervioso; o vegetales y frutas que regulan la buena función de nuestro tubo digestivo y nuestra microbiota intestinal.

• Solo el agua es una auténtica fuente de hidratación.

• La noche es para dormir, regulada según la luz del sol.

• Nuestra fisiología sigue conociendo estrategias para poder vivir en ausencia de alimento.

• El movimiento con el estómago vacío sigue siendo inherente a nuestra supervivencia.

A pesar de que hayan pasado miles de años y estemos ya en el siglo XXI, nuestra salud depende de respetar todo aquello para lo que nuestro cuerpo tuvo que adaptarse.

Hemos perdido nuestro maná

Durante la mayor parte de la historia de la humanidad, la principal fuerza que nos empujaba a mejorar, avanzar, actuar, en definitiva, a hacer algo, era tener el estómago vacío y sentir la necesidad de encontrar comida. Es justo en este contexto donde el cuerpo entiende que tiene que dar lo mejor de sí mismo y, por tanto, la cabeza está lúcida, no hay sensación de cansancio, necesitamos movernos (para hallar esa comida) y, cuando lo hacemos, las sensaciones son rayanas a la felicidad. Nuestra fisiología está diseñada para recompensarnos cuando hacemos lo que se espera de nosotros, al igual que compensa a los animales que, sin duda, actúan como corresponde a su naturaleza.

En cambio, nosotros, con nuestro ritmo de vida acelerado, la comida basura, las cinco comidas al día de rigor y la exigencia de tener la mente siempre en alerta, alimentados por multinacionales interesadas en vendernos sus productos en vez de guiarnos por la satisfacción de hacer las cosas como es natural y lógico, hemos olvidado lo que somos capaces de hacer, llegando a perder nuestra autonomía y haciéndonos dependientes. Nos hemos desvinculado del pulso fundamental de nuestro planeta. Hemos dejado de estar conectados con nuestra propia naturaleza.

El ayuno no es nada nuevo en medicina

El ayuno es el tiempo durante el cual no comes. Nada lo deja más claro que la palabra desayuno. Des-ayunar significa romper el ayuno, volver a comer. A nivel medicinal, a lo largo de la historia, el ayuno ha sido aclamado como remedio curativo para hacer limpieza tanto a nivel espiritual por religiones como la cristiana, la musulmana y la budista, como a nivel medicinal, con defensores tan relevantes como Hipócrates o Paracelso, o sabios pensadores como Platón, Aristóteles o Benjamin Franklin. Todos ellos eran conscientes de la importancia del ayuno en la salud.

Ayunar era una forma de curar al organismo de determinadas enfermedades. Seguro que te resulta curioso que, cuando enfermas, tu cuerpo no te pide comer, pierdes el hambre, te da pura pereza la comida, ¿verdad? El ayuno es el mecanismo natural de tu organismo para autosanarse, cosa que ya sabían las tribus más antiguas o las civilizaciones anteriores al nacimiento de Jesucristo, quien, por cierto, también ayunó durante más de un mes (según la Biblia). Y sin pasar hambre, porque es un hecho comprobado que llega un momento en el que, si haces un ayuno prolongado a lo largo de varios meses, acabas perdiendo la sensación de hambre. Pero no te preocupes, no te vamos a invitar a dejar de comer, eso se los dejamos a los fakires y los monjes tibetanos.

¿Qué beneficios te aportará el ayuno intermitente?

Aquí lo que queremos es aprovechar todas las ventajas y beneficios que la literatura médica ha recogido y reconocido acerca del ayuno intermitente, no solo a lo largo de la historia, sino en las últimas investigaciones científicas contemporáneas. Y vamos a explicártelas de forma amena y sencilla para que te sientas libre de elegir si deseas mejorar tu salud e incluso tu estado físico a través de esta herramienta tan barata y fácil de utilizar desde el conocimiento.

En un contexto exigente como el ayuno, nuestro cuerpo requiere de su mejor versión y, por eso, el ser humano no tuvo más remedio que adaptarse. No haberlo conseguido hubiera supuesto la extinción de nuestra especie. Gracias a la evidencia científica, hemos podido confirmar que ayunar es una buena manera de dejar descansar al organismo del continuo proceso digestivo y de normalizar el peso corporal (sin que te des cuenta).

El ayuno es el momento que nuestra naturaleza eligió para reparar, resintonizar y aprender del entorno y, por tanto, es una señal muy potente que va a activar la expresión de genes asociados a la longevidad, la reparación del ADN y la producción de antioxidantes. Durante el ayuno, eliminamos el tejido dañado; durante la ingesta, reparamos y construimos nuevo tejido. De hecho, en el equilibrio entre ambos procesos está el secreto del éxito de la supervivencia.[1]

Y, por si fueran pocos los argumentos, ayunar es sencillo, es gratis, es cómodo y combina con cualquier aproximación dietética: paleo, vegetariana, vegana, cetogénica o mediterránea. En definitiva, el ayuno forma parte de nuestra esencia y es indispensable para estar sano.

¿Qué nos conviene comer cuando des-ayunamos?

Además de ayunar, la condición *sine qua non* es comer saludable durante la franja horaria de comidas. No sirve de nada ayunar para aprovechar todos sus beneficios terapéu-

1. Xu J, Ji J, Yan XH. «Cross-talk between AMPK and mTOR in Regulating Energy Balance». *Crit Rev Food Sci Nutr.* 2012;52(5):373-381. doi:10.1080/10408398.2010.50 0245

ticos si luego destruimos todo su efecto benéfico comiendo productos procesados, industriales, artificiales o incluso algunos naturales que nos causan inflamación visceral y dañan nuestro aparato digestivo porque el organismo humano carece de los recursos para digerirlos de manera óptima.

Te vamos a explicar por qué, casualmente, los cereales, los lácteos y las legumbres les sientan mal a muchas personas; de hecho, si los consumes, te va a resultar más difícil ayunar. Sobre todo, te vamos a recomendar qué te conviene comer, qué va a ser más saludable e incluso curativo y regenerador.

Des-ayuno y ayuno intermitente

Aclaremos conceptos: ayunar es dejar de comer, pero como no puedes estar siempre sin comer, se ha acuñado el concepto de ayuno intermitente que es, básicamente, pasar entre 12 y 24 horas en ayunas.[2]

Gracias a este libro podrás pasar a hacer dos comidas al día, no como un reto en el que tengas que empeñar toda tu fuerza de voluntad, sino como algo que te resultará natural. Ahora bien, no pretendas hacerlo de golpe, sigue los pasos que te indicamos. Quizá pensar en ello ahora mismo resulte demasiado arduo para ti. Pero no te preocupes, acabamos

2. Patterson RE, Sears DD. «Metabolic Effects of Intermittent Fasting». *Annu Rev Nutr*. 2017;37:371-393. doi:10.1146/annurev-nutr-071816-064634

de empezar. Solo te aseguramos que, sin darte cuenta, lo conseguirás.

El ayuno intermitente puede hacerse por la mañana, desplazando el desayuno (que quiere decir, literalmente, «salir del ayuno») al mediodía. Otra posibilidad de ayuno intermitente podría ser saltarse la cena. Cada uno puede adaptarse a lo que mejor le resulte, teniendo en cuenta que se van a dar unos periodos de 12 a 24 horas sin comer.

En cualquier caso, en el capítulo 11 te presentaremos un protocolo para que lo consigas sin esfuerzos. Tanto si lees el libro capítulo tras capítulo, como si lees el primer capítulo y pasas directamente al protocolo del final, ya estarás preparado para comenzar a practicar el ayuno en las mejores condiciones.

Test para evaluar en qué punto te encuentras:

1. ¿Tienes inflamación de bajo grado?

    Si padeces síntomas como hinchazón, gases, pesadez, irritabilidad, estreñimiento, problemas de piel, fatiga, dolores de cabeza o síndrome premenstrual, la respuesta es SÍ. Marca, según sufras este tipo de síntomas, tu nivel de inflamación de bajo grado, siendo 0 ningún síntoma y 10 muchos síntomas.

    0   1   2   3   4   5   6   7   8   9   10

2. ¿Te sienta mal la comida? ¿Te sientan mal algunos alimentos en concreto?

   Marca tu nivel de mala respuesta a la comida en general y a determinados alimentos en particular, siendo 0 ningún síntoma y 10 muchos síntomas.

   0   1   2   3   4   5   6   7   8   9   10

3. ¿Bebes agua? ¿Cuánta y qué otras bebidas tomas?

   Señala de 0 a 10 tu forma de hidratarte, siendo 0 si solo bebes agua, agua con gas e infusiones; 10 si bebes de todo menos agua.

   0   1   2   3   4   5   6   7   8   9   10

4. ¿Tienes una circunferencia abdominal por encima de lo debido?

   El abdomen, al ser una zona de acumulación de grasa visceral, es un marcador de salud. Si tienes este problema, necesitas este libro.

   El perímetro abdominal se puede medir fácilmente si disponemos de una cinta métrica. Una forma sencilla para obtener un valor aproximado es determinar el perímetro de la circunferencia horizontal a la altura de la parte más estrecha del torso. Debes estar de pie, con los pies juntos y los brazos a los lados. Suma tu puntuación según sea tu perímetro abdominal.

Perímetro abdominal	Hombres	Puntuación
< 95	Normal	0
95-101	Riesgo elevado de inflamación de bajo grado	5
>102	Riesgo muy elevado de inflamación de bajo grado	10
Perímetro abdominal	**Mujeres**	
< 82	Normal	0
82-87	Riesgo elevado de inflamación de bajo grado	5
> 88	Riesgo muy elevado de inflamación de bajo grado	10

5. ¿Duermes bien, cuántas horas y en qué franja horaria?

   Si no generas un biorritmo de sueño que esté cercano al biorritmo natural, estás desincronizado y eso te puede hacer enfermar. Marca según sientas que es la calidad de tu sueño, siendo 0 muy buena y 10 muy mala.

   0   1   2   3   4   5   6   7   8   9   10

6. ¿Haces deporte? ¿Te mueves?

   No existe la persona sedentaria sana. Así que, si no lo haces, este libro te dice cómo hacerlo y en qué momento del día es más adecuado. Señala según tu nivel de actividad física semanal, siendo 0 muy activo y 10 sedentario.

   0   1   2   3   4   5   6   7   8   9   10

7. ¿Eres capaz de levantarte por la mañana y ponerte en marcha en ayunas, movilizando tus recursos energéticos (tus reservas de grasa)?

Si la respuesta es no, la buena noticia es que puedes cambiar. Este libro te ayudará. Señala de 0 a 10 según sea la capacidad que tengas de moverte con el estómago vacío, siendo 0 si es algo que puedes hacer sin problema y 10 si no eres capaz de hacerlo.

0   1   2   3   4   5   6   7   8   9   10

Suma los resultados y comprueba tu estado antes de empezar a leer, ello te ayudará a determinar cuánto necesitas este libro y para qué en concreto.

Resultados:

70 - 40: Tienes inflamación de bajo grado y muy poca flexibilidad metabólica, la antesala para padecer una patología.

39 - 10: Puedes mejorar tu inflamación de bajo grado y tener una mayor calidad de vida.

9 - 0: Tienes una muy buena salud, sigue así.

1

¿Por qué tiene sentido el ayuno?

Un día cualquiera. Ponte en situación: te despiertas cuando suena la alarma de tu teléfono y alargas el brazo para apagarla. Ya que lo tienes en la mano, compruebas mensajes de WhatsApp, resultados deportivos, noticias y notificaciones que te han llegado durante la noche, tus apps de redes sociales, correos electrónicos y mensajes del trabajo y de amigos.

Sientes la boca seca, tu mente ya anda revolucionada por lo que te espera esta mañana y, mientras la luz se cuela a través de las cortinas, mueves tu cuerpo entumecido hacia la cocina, donde te zampas un bollo y te tomas un café doble para poder arrancar.

Sales pitando hacia el trabajo con otro café en la mano con doble de azúcar para poder resistir la reunión matutina con tu jefe. Trabajas hasta que, a media mañana, tienes un fuerte bajón de energía. Necesitas comer algo… Vas a la máquina de *vending* y decides tomar unos palitos. En realidad no tienes hambre, pero crees que «lo necesitas para seguir».

Comes en el bar de enfrente del trabajo y, anticipando el profundo sopor que te entra después de comer, añades otro café a tu día. Durante las dos horas de después de comer, haces como que trabajas, aunque sabes que nada productivo saldrá de tu cerebro hasta que se te pase el malestar digestivo.

Al llegar a casa, picas algo con tus hijos. La verdad es que no tienes hambre, pero una fuerza invisible te ha llevado a prepararte una rebanada de pan de molde con crema de chocolate como la de ellos.

La noche es una lotería: algunas estás tan cansado que solo te apetece ver una serie que no te haga pensar; otras, en cambio, es como si todos los cafés te hubieran hecho efecto de golpe, impidiéndote conciliar el sueño. Bienvenido a tu día a día, ¿estás seguro de que estás bien?

Te proponemos un viaje a tu pasado

Vamos a abandonar todas nuestras posesiones (relojes, ordenadores, teléfonos) y a encaminarnos a un paisaje idílico de mar y montaña en plena naturaleza, en el que viviremos de la tierra, como hacían nuestros ancestros.

Vamos a cazar, a pescar y a dormir bajo las estrellas. Acampamos en una llanura. Nos levantamos cuando amanece y la propia luz solar intensa y cálida nos activa y despierta.

Antes de que el sol pique demasiado, nos dirigimos a buscar comida. Ayer viste unas maravillosas ostras al otro lado de la playa que te apetece recolectar. De camino, recoges bayas y frutos secos. Con las ostras en tu poder, aprovechas para tirarte al mar y capturas un par de pulpos. Han pasado dos horas y ya tienes tus necesidades vitales cubiertas.

Así que dedicas tiempo a tu propósito para estos días: construir una nueva cabaña en el árbol. Cuando se pone el sol y la temperatura desciende, enciendes un fuego. Vas a pasar bastante tiempo sin luz natural, así que aprovechas para comer. Cocinas y devoras la comida que has conseguido y, cuando te sientes saciado, charlamos hasta que nos quedamos dormidos.

En algún momento, por la mañana, el sol empezará a salir por el horizonte. Los pájaros empezarán a cantar incluso antes del amanecer, y en ese momento, la temperatura empezará a subir. Aunque haga mucho frío, subirá uno o dos grados y todo se iluminará. Ocultemos o no la cabeza bajo la manta, la luz penetrará en la cabaña y nos despertaremos.

Bien, no es necesario que construyas ninguna cabaña, pero sí que recuperes todo aquello que tu cuerpo necesita para tener salud y te lo traigas a tu propia realidad aunque vivas en plena ciudad.

¿Qué tiene esto que ver con el ayuno?

Partiendo de la base de que somos descendientes de mamíferos para los que el hambre ha sido el estado más habitual durante dos millones de años, en todo ese tiempo, ¿qué crees que era más habitual para nuestro cuerpo: comer a menudo o pasar períodos de ayuno? Pues, evidentemente, la mayor parte de la historia del ser humano, el ayuno era algo normal,[3] la tónica habitual, porque era inevitable dadas sus circunstancias externas: escasez de comida, falta de herramientas y métodos de conservación, etc.

Como adelantábamos en la introducción, nuestros antepasados nómadas se podían pasar días buscando alguna presa que llevarse a la boca, sin ingerir nada y quemando sus reservas calóricas. Ante la falta de sustento, su organismo se vio obligado a diseñar determinadas respuestas que les permitieran sobrevivir, estrategias que replican nuestros cuerpos aún a día de hoy. De hecho, podemos observar cómo están relacionadas, de forma espectacular, con la producción de moléculas de antienvejecimiento y de reparación celular. Por ello, nuestro cuerpo no entiende que no existan períodos de ayuno, ya que es algo a lo que tuvimos que adaptarnos, y ahora espera que ocurra.

A pesar de que han pasado miles de años y estamos ya en el siglo XXI, nuestra salud sigue dependiendo de respetar todo aquello a lo que nuestro cuerpo tuvo que adaptarse. Esto lo sabemos gracias a la biología evolutiva,[4] un campo emergente que examina la significación evolutiva de las enfermedades modernas para desarrollar nuevas estrategias o

3. Speakman JR. «Evolutionary perspectives on the obesity epidemic: adaptive, maladaptive, and neutral viewpoints». *Annu Rev Nutr*. 2013;33:289-317. doi:10.1146/annurev-nutr-071811-150711

4. Rühli F, van Schaik K, Henneberg M. «Evolutionary Medicine: The Ongoing Evolution of Human Physiology and Metabolism». *Physiology* (Bethesda). 2016;31(6):392-397. doi:10.1152/physiol.00013.2016

tratamientos preventivos. Su marco contextual nos aclara por fin todo aquello a lo que tuvo que adaptarse el ser humano y ahora conforma las estrategias que nos van a ofrecer un adecuado estado de salud.

Nuestro cuerpo, por ejemplo, está adaptado para **hidratarse con agua,** porque así ha sido a lo largo de la evolución (por lo menos, en el 95 % de ese tiempo). Puedes decidir «hidratarte» con vino, bebidas que contienen azúcar o café, pero van a empezar a aparecer síntomas como dolor de cabeza, calambres musculares o incluso piedras en el riñón… porque no estás haciendo lo que tu fisiología espera de ti.

La exposición al sol es otro ejemplo. Nos permite sintetizar vitamina D, una pseudohormona que regula múltiples funciones en nuestro cuerpo como la fijación del calcio en los huesos, la presión arterial, la regulación del azúcar en sangre, la modulación de nuestro sistema inmunitario… Puedes decidir no tomar el sol, pero esta vitamina que nos ha acompañado a lo largo de toda la evolución es clave para que tengamos una buena salud.

Si echamos, por tanto, una mirada al pasado, podemos decir que nuestro cuerpo espera algo muy sencillo pero muy difícil a la vez en los tiempos que corren: vivir en un contexto coherente y acorde a lo que hemos hecho a lo largo de la evolución. Hidratarte con agua, espaciar comidas, tener los niveles adecuados de vitamina D, moverte y tener músculo, dormir con la oscuridad… Y, por supuesto, pasar periodos sin comer, y que, cuando comas, sean alimentos y no productos procesados. Es decir, si quieres restaurar tu salud, tienes que regresar al pasado.

La importancia del ayuno al cabo de millones de años

El resumen de todo lo anterior es que la bonanza del ayuno surgió de forma natural dado que, como supervivientes natos que somos, los seres humanos hicimos de la necesidad virtud, y ayunar resultó ser útil para dotarnos de unas herramientas que nos permitieran gestionar las situaciones de carencia y necesidad acuciante de energía, gracias a nuestra capacidad de adaptación.

El ayuno estimuló el consumo corporal de grasas, nuestro principal almacén de energía, así como la activación de mecanismos de reparación y otras capacidades que solo se pueden dar en ausencia de comida. En cierta manera, el ser humano se transformó en un superhombre en ese momento de necesidad. Como cuando hemos visto que una madre es capaz de levantar un coche que ha atropellado a su hijo, que parece que tiene superpoderes. Eso se debe a que ante una situación estresante, el cuerpo segrega adrenalina, el dolor es prácticamente imperceptible y, en consecuencia, podemos desarrollar una fuerza que desconocíamos tener.

Algo semejante sucede cuando el cuerpo advierte que no llega comida. Esta reacción, si lo pensamos bien, es muy lógica. ¿Cuándo necesitas poner en marcha todos tus recursos y tener más energía? ¿Cuando tienes tus necesidades cubiertas o cuando aún has de conseguirlas? Lógicamente, cuando tienes que conseguirlas. En otras palabras: justo cuando te falta alimento, es cuando tu cerebro

funciona de una manera más brillante, cuando tus mecanismos de reparación se dan cuenta de que tienen que
mejorar y todos los órganos han de funcionar a tope. El
hambre agudiza el ingenio, efectivamente. Y activa el organismo.

Dale una vuelta a esto: ¿No te ocurre que, después de
comer, te entra sueño, sientes la cabeza más atontada, sin un
ápice de lucidez? Es lógico. Justo en el momento en el que
tenemos el estómago lleno es cuando el organismo detiene
toda actividad y se centra en asimilar los alimentos. No solo
eso: el aparato digestivo debe hacer una discriminación entre los alimentos útiles y aquellos que puedan ser peligrosos
o tóxicos, motivo por el cual, durante la digestión, siempre
se genera una respuesta inflamatoria fisiológica en el tubo
digestivo,[5] para activar nuestro sistema inmunitario a fin de
que se encargue de esta vigilancia y expulse lo que nos pueda resultar nocivo.

Las arterias que rodean el tubo digestivo son unas ver-
daderas mangueras que, cuando el estómago y los intesti-
nos lo requieren, llevan mucha sangre a la zona y dejan a
otros órganos bajo mínimos. Por eso no debe extrañarte
que, cuando acabas de comer, se te cierren los ojos durante
diez, quince o veinte minutos; es normal, ya que tu cuerpo
quiere realizar ese proceso con tranquilidad.

5. de Vries MA, Klop B, Eskes SA, *et al*. «The postprandial situation as a pro-
inflammatory condition». *Clin Investig Arterioscler*. 2014; 26(4):184-192. doi:10.1016/j.
arteri.2014.02.007

Cinco comidas + cinco digestiones = agotamiento máximo

Como hemos visto, a lo largo de la historia los seres humanos hemos pasado la mayor parte del tiempo ayunando, mientras que tener el estómago lleno era algo extraordinario. En aquel remoto pasado, la ingesta de alimentos se limitaba a uno o dos momentos del día, mientras que el resto de la jornada estaban en ayunas. Actualmente, es justamente a la inversa. De comer una vez al día (dos si había suerte), hemos pasado a cinco o seis ingestas dentro de un periodo 15 horas. Seguramente en épocas ancestrales se podían permitir el lujo de no sentirse lúcidos durante el tiempo de la digestión, que utilizaban para la introspección; pero hoy por hoy nos pasamos el día, incluso algunas horas de la noche, adormecidos por la digestión continua a la que sometemos a nuestro organismo.

¿Qué puede pasar si, en vez de hacer cinco digestiones al día, con los correspondientes descensos de energía que eso conlleva, ayunamos durante 14 a 16 horas (8 de las cuales estamos durmiendo) y comemos dos veces durante las 10 a 8 horas restantes?[6] Pues lo que ya adelantábamos someramente: que, mientras ayunes, estarás realmente en disposición de disfrutar de mucha energía,

6. Sutton EF, Beyl R, Early KS, Cefalu WT, Ravussin E, Peterson CM. «Early Time-Restricted Feeding Improves Insulin Sensitivity, Blood Pressure, and Oxidative Stress Even without Weight Loss in Men with Prediabetes». *Cell Metab*. 2018;27(6):1212-1221.e3. doi:10.1016/j.cmet.2018.04.010

tu cuerpo estará activado y serás capaz de alcanzar un gran nivel de claridad física y mental. Durante el periodo de ayuno, te notarás en tu mejor estado vital a todos los niveles: cognitivo, energético, de rendimiento y de eficacia.

De momento, basta con que entiendas por qué esta es la opción óptima. Espera a seguir avanzando en el libro y, cuando te expliquemos cómo hacerlo, verás que, aunque ahora te pueda parecer un imposible, será algo que lograrás de forma natural, desde la tranquilidad. Entonces todo te cuadrará y entenderás, desde tu interior, que el ayuno es algo inherente al ser humano.

Verás que comer dos veces al día es suficiente para cubrir tus necesidades diarias y decidir no comer será algo que te saldrá casi por inercia porque, sencillamente, no tendrás hambre.

Cansado, pero bien

¿Qué es eso de estar cansado pero bien? Si estás cansado, no estás bien; es incompatible. Hay un dicho que señala que «vidas demasiado cómodas generan cuerpos demasiado débiles». Esto viene a significar que, si tu cuerpo siempre se siente satisfecho, perderá habilidades para autorregenerarse en circunstancias adversas y, en consecuencia, los esfuerzos le resultarán cada vez más frustrantes y se verá incapaz de autosuperarse. ¿Tienes la sensación de que eres poco ágil física y mentalmente?

El ayuno intermitente toma como referencia la flexibilidad metabólica.[7] Esta consiste en tener la capacidad de esperar entre 6 y 8 horas entre cada una de las comidas que realices a lo largo del día sin que te suponga un esfuerzo. También podemos contar las horas a partir de la cena; en este caso pasaríamos en ayunas entre 12 y 16 horas, 8 de ellas durmiendo.

Habitualmente, lo que la mayoría de las personas hace es comer cada 3 o 4 horas, porque piensa que si no lo hace así «no va a aguantar». Desde el punto de vista de la fisiología, esto no es así. Si comemos de forma frecuente desde que nos levantamos hasta que nos vamos a dormir, nuestro organismo aprenderá a utilizar únicamente la glucosa como fuente de energía, olvidando quemar las reservas de grasa.

El hábito de comer con frecuencia hace que nuestro cuerpo se vuelva rígido a nivel metabólico. Dependemos de la comida de forma permanente, sin dar tiempo a nuestro intestino a desinflamarse y con el sistema inmunitario en alerta constante. Tendremos un organismo desvitalizado y que acumulará grasa con facilidad, y además pueden presentarse síntomas que quizá te resulten familiares: síndrome premenstrual, migraña, problemas de piel, hipertensión arterial, problemas digestivos y un largo etcétera.

Para saber si tienes flexibilidad metabólica, basta con responder a esta pregunta: ¿eres capaz de levantarte por la

7. Goodpaster BH, Sparks LM. «Metabolic Flexibility in Health and Disease». *Cell Metab*. 2017; 25(5):1027-1036. doi:10.1016/j.cmet.2017.04.015

mañana y ponerte en marcha en ayunas, movilizando tus recursos energéticos (es decir, tus reservas de grasa)? Si la respuesta es no, la buena noticia es que puedes cambiar. Este libro te ayudará.

Llegar al punto de tener tan poca flexibilidad metabólica es muy habitual. No te sientas culpable ni pienses que eres la única persona a quien le sucede. Vivimos en unos tiempos en los que, por desgracia, hemos adoptado unos hábitos poco saludables para nuestro organismo.

Entonces, ¿no hay remedio?

Nosotros te vamos a aportar todos los datos para defenderte de esta carga masiva de desinformación procedente de la industria alimentaria. De modo que, en cuanto adquieras las herramientas de libertad que te ofrecemos en este libro, serás capaz de prescindir de los alimentos procesados. Sencillamente, no los necesitarás. Estarás preparado para identificar lo que a tu cuerpo le hace sentir bien o lo que le hace sentir mal.

Cata es jugadora profesional de pádel, está en el octavo puesto del World Padel Tour. Desde que empezó a incorporar estos cambios de alimentación y ayuno, su creatividad se ha desbordado y la ha canalizado montando diferentes negocios. Ella misma está sorprendida: «No sé qué me pasa, ¿de dónde viene esta lucidez mental que tengo? Me parece increíble estar tan centrada».

No caes en la cuenta de que puedes estar mejor hasta que experimentas un estado de bienestar corporal que tenías olvidado y, entonces, piensas: «No quiero salir de aquí, yo quiero estar siempre en este estado». Cuando adquieres este nuevo estilo de vida, los beneficios y las sensaciones que te aporta el hecho de hacer las cosas bien por ti mismo superan incluso la satisfacción momentánea de comerte un dónut. Entonces llega un momento en el que se produce un cambio interno: ya no te compensa comer basura y te deja de apetecer, hasta el punto de que ves a una madre dándole a su hijo galletas o un refresco de cola y te parece una aberración.

¿Recuerdas cuando, hace veinte años, veías a la gente que iba en moto sin casco y te parecía una cosa normal en aquellos tiempos, pero ahora te parece una locura? O, más recientemente, cuando ves a alguien fumando ya no te parece algo normal. Con el cambio de tu alimentación, te sucederá lo mismo.

Quizá, cuando el ayuno se convierta en un hábito generalizado, te preguntarán «¿qué haces comiendo otra vez?», en lugar de inquirirte, como ocurre ahora, «¿te vas a saltar una comida?».

Pues sí, ¡no pasa nada! Acuérdate de cuando eras pequeño, te ibas a jugar con tus amigos y tu madre gritaba «¡a comer!». Tú implorabas: «¡Un rato más!». En aquella época no estabas ayunando, pero tu cerebro tenía la capacidad de posponer la comida porque era mucho más divertido jugar. Sin embargo, ahora, de adultos, hemos perdido esa capacidad de esperar. Necesitamos comer para entretenernos. Sería ideal recuperar los recursos naturales que teníamos de niños, cuando no existía ninguna intención de ayunar, sino que simplemente la vida era interesante y si comías, bien; y si no, también.

No es solo una cuestión de ciencia

Seguro que esta situación te suena: resulta que el fin de semana te has dado un atracón, has estado de feliz comilona con la familia, desde el vermú con patatas fritas y aceitunas, pasando por los canapés y el arroz con vino blanco; después, de segundo, un solomillo en salsa a la pimienta con su vino tinto... Y, por supuesto, el postre, seguido de frutos secos con los gintonics y unos pastelitos que trajeron los invitados.

El lunes, cuando te levantes, con solo tocar tu vientre inflamado como si estuvieras embarazado de tres meses, sentirás que tu cuerpo no te pide desayunar porque prácticamente todavía está digiriendo el ágape, a menos que te presenten un cruasán con café con leche que confunda a tu cerebro y te lo acabes comiendo por gula o ansiedad, por temor a estar irascible en el trabajo o a desmayarte si vas al gimnasio en ayunas. ¡Con todas las reservas que tienes acumuladas, tu cuerpo está deseando que ayunes para poder liberarlas y quemarlas!

¿De verdad crees que habríamos sobrevivido como especie si el hambre nos cambiara el ánimo, nos produjera irritabilidad o no pudiéramos funcionar sin comer cada dos por tres? Imagina el placer de no tener que depender de la comida cada dos horas para tener energía, de que la aparición del hambre sea una buena señal. Realmente, el ayuno te ayudará a estar más despierto, a rendir y a afrontar tu siguiente comida con placer y sin miedo. Además, tu salud mejorará y tu peso se normalizará. A esto se le llama libertad: liberarse de la influencia de la industria alimentaria, que genera personas dependientes y adictas a la comida.

Contar las ingestas y las calorías, estar siempre pendiente de los alimentos que podemos comer y los que no o pesarse cada día hacen que nos relacionemos con la comida a través de la ansiedad y el sufrimiento, lo cual, obviamente, no es una fórmula sana.

Si escuchas a tu propio cuerpo en lugar de los anuncios publicitarios, te darás cuenta de que lo que te pide es que te relaciones con la comida de una forma más natural: si hay comida en la mesa, lo lógico es que puedas comer hasta saciarte, no que te propongan quedarte siempre con un poco de hambre. Porque, como ya hemos dicho, tu cerebro no va a encontrar lógica en ello y su reacción será de malestar.

Haciendo lo que tu cuerpo espera de ti, es decir, comer alimentos sanos, espaciar comidas, hidratarte con agua, moverte con el estómago vacío y tener un sueño de calidad, favoreces que tu organismo te informe de que estás haciendo las cosas bien mediante la producción de endorfinas, las hormonas de la felicidad. Cuando estas recompensas naturales se convierten en algo habitual en tu vida, te conviertes en otra persona. Una persona libre y feliz.

Lo hemos visto en nuestros propios pacientes. Cuando vienen a la consulta con el objetivo de mejorar su salud general y les planteamos esta forma de relacionarse con la comida, recuperando el hambre, comiendo hasta saciarse, se dan cuenta de que escogiendo alimentos sanos cada vez son más capaces de espaciar las ingestas y van convirtiendo esta práctica en una acción natural. A partir de entonces, ya no quieren volver a comer como antes, porque comprueban que esta forma de alimentarse les aporta felicidad, libertad y tranquilidad.

El caso de Marta: «No solo he superado los dolores de cabeza por los que vine a vuestra consulta, sino que con esta forma de relacionarme con la comida no paso hambre. Ahora soy más esbelta, he perdido peso y he superado mi malestar. No volvería a comer como antes ni en broma, porque he accedido a un nivel superior… O, mejor dicho, al nivel que debería ser natural y nunca deberíamos haber perdido. El problema es que todo lo que ponen a nuestra disposición en el entorno, todos esos productos que nos tientan y confunden al cerebro, en definitiva, todos los productos procesados que nos venden, nos acaban condicionando y nos meten en una dinámica infernal».

¿Cómo lo vas a conseguir?

En el protocolo del capítulo 11, al que, si quieres, puedes ir directamente cuando acabes este primer capítulo, te lo explicamos de forma sencilla y clara. Te volverás a relacionar con la comida como debería ser, naturalmente, lo cual te llevará a poder comer, como mucho, tres veces al día sin problemas. Más adelante podrás pasar a comer dos veces al día y a ayunar el resto del tiempo sin que te suponga ningún esfuerzo, espontáneamente.

Cuando ayunas de forma natural, no supone ningún estrés para ti, sino todo lo contrario. Es lo que te pide el cuerpo. Te das cuenta de que cada vez tienes más flexibilidad metabólica, de que no dependes de la comida en ningún momento y de que disfrutas de un alto nivel de energía. Aprendes lo que realmente significa tener hambre, el hambre de verdad que te hace comer disfrutando al máximo, sintiendo que necesitas que pasen unas cuantas horas para volver a sentir esa misma hambre.

Este «superestado» se da porque, al distanciar las comidas, logras desinflamar tu tubo digestivo, tu sistema inmunitario no necesita tanta energía para funcionar porque ya no está en estado de alarma y tu cerebro está en paz porque se siente constantemente alimentado.

A vueltas con la inflamación

La inflamación es una respuesta natural del organismo ante un peligro. En el pasado, las inflamaciones que sufríamos, que podían ser causadas por un traumatismo, una herida o un patógeno, eran puntuales, intensas, breves y se solucionaban rápidamente.

Sin embargo, en la actualidad, debido al alocado contexto en el que vivimos en los países occidentales, sufrimos una inflamación mantenida en el tiempo que la revista Time denominó, ya en 2004, *The secret killer* (el asesino secreto). Se trata de una inflamación de bajo grado[8] que no cesa porque nos pasamos todo el día comiendo alimentos no saludables, descansando mal, acumulando grasa en nuestro cuerpo, siendo sedentarios y llevando un ritmo de vida estresante.

Son situaciones de peligro que nunca antes se habían presentado a lo largo de la evolución, ante las cuales nuestro cuerpo no sabe hacer otra cosa que defenderse, provocando, como consecuencia, un estado de alarma.

Esta inflamación mantenida es la antesala de la aparición de las «patologías de la civilización»,[9] aquellas enfermedades propias de los países desarrollados cuya incidencia crece de forma exponencial año tras año: cáncer, obesidad y diabetes tipo 2, ictus, alergias, enfermedades autoinmunes, cardiovasculares y neurodegenerativas. De ahí el nombre de «asesino secreto».

Puede que te estés diciendo: «Estoy salvado, no tengo ninguna de esas enfermedades». No te confíes. Llegar a la enfermedad es un camino largo plagado de pequeños avisos. Sentir que se te hincha la barriga, sufres estreñimiento o diarrea, tienes dolores en diferentes partes del cuerpo, descansas mal o estás irritable son, entre otras, señales que pueden estar asociadas a una inflamación silente.

8. Liu L, Mei M, Yang S, Li Q. «Roles of chronic low-grade inflammation in the development of ectopic fat deposition». *Mediators Inflamm.* 2014;2014:418185. doi:10.1155/2014/418185

9. Allen L. «Non-communicable disease funding». *Lancet Diabetes Endocrinol.* 2017;5(2):92. doi:10.1016/S2213-8587(16)30420-X

Por no hablar del sobrepeso, sobre todo, el que acumulas en tu vientre. Piensa que la circunferencia abdominal es una señal de inflamación corporal y un marcador claro de tu estado de salud.

Mírate el ombligo

Cuando comemos de más, nuestros órganos vitales no soportan el excedente de comida y cierran sus compuertas. Es entonces cuando al cuerpo no le queda más remedio que llevar estas calorías extras a la grasa que acumulamos alrededor de nuestros órganos. La grasa abdominal tiene la particularidad de ser capaz de producir sustancias que causan inflamación,[10] así que ya tenemos la espiral infernal completa: comes de más porque los productos procesados confunden a tu cerebro, tus órganos se saturan de comida y llevan los excedentes a la grasa abdominal; como consecuencia, aumenta la inflamación y aparecen todos los síntomas de los que hemos estado hablando.

¿Cómo salir de esta espiral?

Seguro que has observado que estás rodeado de muchas personas que padecen ese tipo de problemas de salud o incluso es posible que tú seas una de ellas.

10. Mraz M, Haluzik M. «The role of adipose tissue immune cells in obesity and low-grade inflammation». *J Endocrinol*. 2014;222(3):R113-R127. doi:10.1530/JOE-14-0283

No existe medicina tan potente como la combinación de ayuno, descanso y movimiento.

Te proponemos esta visualización: nos gustaría que imaginaras tu futuro, envejecido, sin poder caminar, con dolor en todo el cuerpo, triste, encerrado en casa. Y ahora imagínate jugando con tus nietos, levantándolos, con energía, sintiéndote joven y pletórico de salud. ¿Qué prefieres? Obvio, ¿no? Pues con el ayuno, en definitiva, lo que consigues es que aquello que a los veinte años funciona bien, siga funcionando a los sesenta. No vale la excusa de que nuestra esperanza de vida cada vez es mayor, porque no se trata de durar más, sino de disfrutarla en condiciones saludables.

2

¿Qué nos conviene comer cuando des-ayunamos?

Ante la evidencia de que un gran número de personas sufre multitud de dolencias que encuentran una explicación en los hábitos de nuestra sociedad, la medicina evolutiva que mencionábamos antes constata que algo no va bien y sirve como aproximación a las causas y las soluciones. Un enfoque que se hace muy necesario teniendo en cuenta las siguientes cifras:

- Actualmente, mueren al año alrededor de tres millones y medio de personas en todo el mundo por problemas de obesidad y sobrepeso.[11]

---

11. Ng M, Fleming T, Robinson M, *et al*. «Global, regional, and national prevalence of overweight and obesity in children and adults during 1980-2013: a systematic analysis for the Global Burden of Disease Study 2013». 2014 Aug 30;384(9945):746]. *Lancet*. 2014;384(9945):766-781. doi:10.1016/S0140-6736(14)60460-8

- Mil millones de personas en el mundo sufren de obesidad o diabetes, o la combinación de ambas. Un 20 % de los niños con edades comprendidas entre seis y once años sufre obesidad.

- Mueren al año 17,5 millones de personas en el mundo por accidentes cardiovasculares.[12]

- Una de cada cuatro mujeres y uno de cada seis hombres sufren una patología autoinmune. Empiezan a padecer esta enfermedad entre los cuarenta y los cincuenta años, por lo que son personas que van a vivir entre treinta y cuarenta años enfermas.[13]

- Si todo sigue igual, dentro de treinta años el 95 % de la población mundial tendrá sobrepeso y una de cada tres personas padecerá diabetes tipo 2.[14]

- También estamos sufriendo más enfermedades mentales que nunca: por ejemplo, la incidencia de la depresión aumenta cada año un 20 % y, actualmente, en mu-

12. Mozaffarian, D. *et al.* «Heart Disease and Stroke Statistics». 16 Dec 2015. *Circulation* https://doi.org/10.1161/CIR.0000000000000350Circulation.2016;133 :e38–e360

13. Lerner, A. *et al.* «The World Incidence and Prevalence of Autoimmune Diseases is Increasing.» *International Journal of Celiac Disease* 3 (2015): 151-155.

14. Shaw JE, Sicree RA, Zimmet PZ. «Global estimates of the prevalence of diabetes for 2010 and 2030». Diabetes Res Clin Pract. 2010;87(1):4-14. doi:10.1016/j.diabres.2009.10.007

chos países el número de suicidios ya supera el de accidentes de tráfico. [15]

- Las enfermedades metabólicas tienen, además de un efecto directo sobre nuestra salud, un profundo impacto sobre nuestros recursos: el coste de la diabetes para la productividad y el sistema de salud de Estados Unidos fue, en 2012, de 245.000 millones de dólares [16] cuando, según la Organización de las Naciones Unidas para la Alimentación y la Agricultura (FAO), harían falta 267.000 millones de dólares para erradicar el hambre en el mundo. [17] La diabetes tipo 2 es una enfermedad íntimamente ligada a los hábitos de vida.

Si, a nivel mundial, cambiáramos nuestro estilo de vida y nos alimentásemos de forma correcta, tendríamos, por ejemplo, los recursos para erradicar el hambre en el mundo, que es una pandemia opuesta a la de obesidad de los países más ricos.

Te preguntarás por qué, con todos los avances tecnológicos que el ser humano ha conseguido desarrollar, no somos capaces de revertir la situación: ¿Por qué no existe todavía una

---

15. Hidaka BH. «Depression as a disease of modernity: explanations for increasing prevalence». *Journal of Affective Disorders*. 2012;140(3):205-214. doi:10.1016/j.jad.2011.12.036

16. American Diabetes Association. «Economic costs of diabetes in the U.S. in 2012.» *Diabetes care* vol. 36,4 (2013): 1033-46. doi:10.2337/dc12-2625

17. http://www.fao.org/home/en/

pastilla que lo cure todo? Nosotros creemos, al 100%, que el problema podría solucionarse si cambiásemos de enfoque.

El mundo ha cambiado, pero nosotros no

El procedimiento habitual ante un problema médico siempre transita entre tratar las causas y minimizar los síntomas.

Desde el principio de los tiempos, la humanidad se ha visto afectada por una gran mortalidad causada por factores como las infecciones, la muerte perinatal, la desnutrición o la falta de higiene. La medicina moderna aprendió a enfrentarse a estas causas y nos enseñó, por ejemplo, que el agua debe potabilizarse. No hay que olvidar que el descubrimiento de la penicilina supuso un antes y un después en la salud mundial.

No obstante, en la actualidad nos enfrentamos a otro tipo de riesgos: la contaminación, los alimentos procesados perjudiciales para la salud, el sedentarismo... Ninguna de estas causas puede abordarse con medicamentos, por lo que la medicina ha dejado de tratar las causas y ha optado por paliar los síntomas.

Ante este panorama, nos encontramos inmersos en una revolución de las ciencias de la salud que se plantea el porqué de todo este sufrimiento. ¿Qué ha cambiado para que aparezcan todas estas patologías crónicas? ¿Ha cambiado la genética? No. ¿Ha cambiado la fisiología del ser humano? No.

Lo que ha cambiado es el entorno y se empieza a entender que la salud del ser humano se ve influenciada por el medio en el que habita y que, por lo tanto, debemos ampliar el enfoque de intervención. Nuestra salud dependerá también de lo que comemos y bebemos, de las horas que dormimos y de lo que nos movemos; de los microbios y de los contaminantes a los que estamos expuestos y de si vivimos en el campo o la ciudad.

Lo que ha pasado durante millones de años aún es importante

Ante la necesidad de comprender todos estos cambios, la medicina evolutiva postula que si las generaciones que nos precedieron vivieron el 95 % del tiempo en un entorno determinado, probablemente sea el que mejor nos sienta.[18]

En los últimos años, hemos vivido cambios radicales en la dieta que consumimos y en la flora bacteriana que habita nuestro tubo digestivo (los llamados «viejos amigos»). Estamos en contacto con contaminantes y toxinas que, claramente, nos afectan, y pasamos mucho tiempo encerrados sin exponernos al sol, lo cual es un auténtico problema, puesto que la luz solar es indispensable para que el ser humano sintetice un nutriente esencial, la vitamina D. Además, como bien sabrás, llevamos un ritmo de vida jamás visto hasta hace unas décadas, con el estrés que ello genera.

¿Por qué seguimos yendo al campo o la playa y emocionándonos solo de pensar en salir al monte a respirar aire

18. Cordain L, Eaton SB, Sebastian A, *et al.* «Origins and evolution of the Western diet: health implications for the 21st century». *Am J Clin Nutr.* 2005;81(2):341-354.

puro? Porque, aunque como especie somos capaces de adaptarnos a multitud de entornos, seguimos reconociendo nuestro hábitat natural. Esta evidencia aplastante ha permitido que, en una ciencia tan joven como la nutrición, se haya llegado a un consenso de mínimos: los cambios en los hábitos de alimentación y consumo que se produjeron a partir de la Revolución Industrial fueron nefastos para nuestra salud.[19]

¿Cómo han conseguido cambiar nuestros hábitos?

Nuestra fisiología metabólica no es muy diferente de la de los habitantes ancestrales de la tierra. Imagínate que eres un hombre del Paleolítico y que llevas días de un lado para otro por la estepa africana sin encontrar, no ya un mamut, sino un triste conejo. De repente (¡oh!, ahí es cuando empiezas a creer en Dios), aparece un panal de miel sin abejas que impidan alcanzarlo. ¿Qué habrías hecho?

¿Admirar su belleza?

¡Por supuesto que no!

Como en tus genes y en tu experiencia personal ya estaría grabada la certeza de que, cuando se presenta la oportunidad de hacer acopio de energía, hay que aprovecharla, no vaya a ser que no se vuelva a dar en tres días, te comerías

19. Rook, Graham A. «Regulation of the immune system by biodiversity from the natural environment: an ecosystem service essential to health.» *Proceedings of the National Academy of Sciences of the United States of America* vol. 110,46 (2013): 18360-7. doi:10.1073/pnas.1313731110

el panal entero. Y sin remordimientos, más bien con el placer y las buenas sensaciones que proporciona el cerebro como recompensa por haber hecho lo correcto para sobrevivir.

¿Qué ocurre ahora?

Pues que tú ya no vives en el Paleolítico, pero hoy en día la industria alimentaria se aprovecha de ese mecanismo cerebral que estaba diseñado para la supervivencia, para que no dejaras pasar aquello tan extraordinario que era casi un milagro encontrar. Muchos alimentos procesados son en realidad un gancho para crear adicción. La ciencia sabe que no vas a rechazar el «panal de miel» y por eso en la actualidad te lo presentan cada día, a cada momento, en cada esquina, a cada hora, a través de colores, anuncios, imágenes y sonidos que te conectan con la sensación de abrir ese envoltorio, esa lata o esa bolsa llenos de cualquiera de esos productos comestibles que directamente estimulan nuestro sistema hedónico y nos hacen ingerir mucho más de lo que necesitamos.

A esto la industria alimentaria lo llama «índice de éxtasis». Cuando se diseña un producto alimentario procesado, antes de salir al mercado se realizan unos estudios que calculan el grado de satisfacción máxima que puede generar ese producto. Se comparan 3.000 variantes del mismo producto para escoger el que más adicción genere, para que, cuando hagas «pop», ya no haya «stop». ¿Te acuerdas del anuncio? Era una descripción de la pura realidad.

El asunto es tan maquiavélico que, de forma intencionada, algunos fabricantes incorporan a esos alimentos el nivel máximo de azúcar permitido por las autoridades sanitarias, a fin de conseguir que tu cerebro alcance un nivel de explosión hedónica que no tiene nada que ver con el que se consigue con la comida real. Si te hicieran una resonancia funcional del cerebro mientras comes un producto de ese tipo, la imagen sería muy similar a la que se produce bajo el efecto de una droga no legal.

Quizá muchas personas se sienten libres al elegir un paquete de *cookies* de chocolate, pero en realidad la mayoría de la gente está condicionada por las campañas de publicidad y, además, al probar la primera galleta inmediatamente sientes la necesidad de comerte otra, incluso cuando no tienes hambre.

En el cerebro existen unas áreas llamadas **de recompensa y hedonismo**[20] que, cuando interpretan que aquello que vamos a comer está muy cargado de calorías, bloquean las señales de saciedad de nuestro cerebro para que lo consumamos igualmente. Volviendo al ejemplo del panal de miel, para el postre siempre tenemos hueco, y la industria mal llamada alimentaria juega con ese cerebro goloso llevándolo a los límites del placer, produciendo unas sensaciones similares a las de las drogas.

---

20. Finlayson G, King N, Blundell JE. «Liking vs. wanting food: importance for human appetite control and weight regulation». *Neuroscience Biobehavior Review.* 2007;31(7):987-1002. doi:10.1016/j.neubiorev.2007.03.004

La adicción es la causa de la pandemia de obesidad

Y es fundamental empezar a tenerlo en cuenta, porque lo cierto es que la principal causa de la obesidad es la alta palatabilidad o recompensa hedónica o placentera de lo que consumimos, dado que su exquisito sabor nos hace salivar y nos crea adicción irremediablemente. Irremediable en el sentido de que parece que hemos perdido los mecanismos para autorregularnos e identificar que tenemos reservas energéticas de sobra y no necesitamos seguir comiendo.

¿Tiene solución? ¡Sí! Evitar productos procesados es, en la mayoría de los casos, suficiente para que el cuerpo recupere los mecanismos de hambre-saciedad y para normalizar el peso corporal. Existen diferentes mecanismos, tanto del sistema nervioso como del hormonal, para que tu cerebro entienda que debe dejar de comer. El problema es que a menudo pueden verse confundidos por estos productos.

En condiciones normales, tu cuerpo es capaz de enviar señales como la dilatación del estómago, el paso de la comida por el intestino o que nuestros almacenes de grasa se están llenando; señales que informan al cerebro de que debe dejar de comer.[21] El simple hecho de consumir alimentos no refinados ni procesados y espaciar las comidas ya favorece la recuperación del equilibrio metabólico.

---

21. Boumans IJMM, de Boer IJM, Hofstede GJ, la Fleur SE, Bokkers EAM. «The importance of hormonal circadian rhythms in daily feeding patterns: An illustration with simulated pigs». *Hormones and Behavior*. 2017;93:82-93. doi:10.1016/j.yhbeh.2017.05.003

Así que, si deseas conseguir regularizar tu metabolismo cuanto antes, te proponemos que empieces con un pequeño gesto que cambiará tu vida: dirígete a tu despensa, reúne todos los productos procesados o refinados que tengas almacenados y líbrate de ellos. Porque si tu cerebro sabe que están en tu entorno cercano, lo más probable es que te los acabes comiendo.

No se vayan todavía, que aún hay más

Evidentemente, a cualquier sector le interesa vender y, como ya hemos argumentado, la industria alimentaria, en general, tiene unos objetivos económicos que a menudo están por encima de lo que es beneficioso para la salud. A todas luces, para la industria, tal como está configurada en la época actual, no sería rentable que la población mundial comiera dos veces al día únicamente alimentos naturales, comida real. De modo que, poco a poco, a lo largo de muchos años, nos han ido convenciendo a través de los medios y la publicidad de que lo saludable es comer cinco veces al día, una recomendación que nadie sabe a ciencia cierta de dónde procede.

Algunos nutricionistas afirman que siempre se ha comido cinco veces al día. Pero, realmente, el lujo de que los seres humanos podamos comer con tanta frecuencia es algo muy reciente.

Entonces, ¿en qué argumento se basa esta recomendación? Ante el crecimiento exponencial de la población con obesidad que recurre a las dietas de adelgazamiento, algunos nutricionistas plantean la hipótesis de que, para evitar descensos del nivel de azúcar en sangre y llegar con un hambre feroz a la hora de comer, se distribuye la carga calórica a lo largo del día para que se puedan controlar mejor los impulsos.

Nosotros lo llamamos «pastoreo», porque, cual vaca pastando, la recomendación de las cinco comidas al día hace que no pares de comer mientras estás despierto, esperando que se te quede la misma cara de aburrimiento que a ellas. Pero lo cierto es que, como habrás notado, tú no eres una vaca, ni tienes cinco estómagos, ni comes algo de tan pocas calorías como el césped... Por eso esta estrategia, aunque en algunos casos concretos y a corto plazo puede salir bien, considerada bajo una perspectiva más amplia, no es nada efectiva.

Cinco comidas para todos

Analizando una revisión sistemática reciente que recogen quince estudios científicos,[22] vemos que solo uno presenta una asociación positiva entre comer cinco veces al día y la pérdida de peso. Pese a que este paradigma no tiene ningún sentido para las personas que desean adelgazar, además se ha extrapolado la recomendación a toda la población, in-

---

22. Schoenfeld, Brad Jon et al. «Effects of meal frequency on weight loss and body composition: a meta-analysis.» *Nutrition reviews* vol. 73,2 (2015): 69-82. doi:10.1093/nutrit/nuu017

cluidos niños, personas con hábitos sedentarios o ancianos, sin tener en cuenta si esas personas necesitan ganar, mantener o perder peso.

A esta gran campaña de comunicación le debemos el mito extendido de que «si no comes cinco veces al día, engordarás, porque tu cuerpo acumulará reservas». Pues bien, ¿sabías que casi el 60% de las personas que hacen dieta recuperan su peso original cinco años después y que el 40% tienen más peso que antes? ¿Frustrante, no? A la larga, ¡hacer dieta engorda! Es más, esta estrategia afirma que el hambre es una sensación que hay que combatir. Nosotros no estamos en absoluto de acuerdo. No hay nada más satisfactorio que comer con hambre.

Siempre y cuando comas comida real y no confundas a tu cerebro, el hambre es la mejor estrategia para controlar la cantidad que debes comer, además de contribuir a que disfrutemos de uno de los grandes placeres de la vida. Hazte un favor: recupera tu sensación de hambre real, es necesario, es un placer… y te ayudará a incorporar la práctica del ayuno de la forma más natural, sin que te des cuenta. Notarás que tu cuerpo se siente mejor y no desearás volver a tus hábitos anteriores.

Comida basura

Cuando hablamos de que comas comida real y no confundas a tu cerebro, nos referimos a que es importante evitar los alimentos artificiales plagados de azúcares, aditivos, conservantes y otros ingredientes que ni siquiera sabemos qué son. De nuevo, la industria nos tienta con carbohidratos procesados de mala calidad que nos incitan a picar entre horas porque nos generan subidas y bajadas del nivel de azúcar en sangre, provocando una falsa sensación de hambre.[23]

Cuando comemos comida real, una ración de carne o pescado, huevos, verduras o tubérculos, desaparece la necesidad de picar entre horas, porque es imposible que en dos horas vuelvas a tener hambre. Para diferenciar claramente entre producto procesado y alimento, ponte en esta situación: imagínate tu comida preferida, la que más te guste del mundo, por ejemplo, un chuletón a la plancha con patatas asadas. El primer día te lo comes con un placer indescriptible, pero si al día siguiente vuelves a comer lo mismo, aunque sea tu plato favorito, ya no te apetece tanto. Y al tercer día, no te lo comes. En cambio, eres capaz de comer los mismos cereales o galletas cada mañana, aunque no tengas hambre. ¿Por qué no piensas «otra vez cereales de chocolate»? La respuesta es que estos productos procesados crean adicción, a diferencia de la comida real, con la que la respuesta cerebral es la de necesitar cambiar, tener una alimentación variada.

23. Ruiz-Núñez B, Pruimboom L, Dijck-Brouwer DA, Muskiet FA. «Lifestyle and nutritional imbalances associated with Western diseases: causes and consequences of chronic systemic low-grade inflammation in an evolutionary context». *The Journal of Nutritional Biochemistry*, . 2013;24(7):1183-1201. doi:10.1016/j.jnutbio.2013.02.009

Pero entonces, ¿qué debo o no comer?

Seguro que te lo estás preguntando a estas alturas. Pues bien, si hay algo en lo que existe consenso en el ámbito de la nutrición, es en la diferenciación entre alimentos y productos procesados. Desde la Revolución Industrial, hace apenas doscientos años, la industria alimentaria ha creado unos productos procesados que podemos considerar comestibles porque los seres humanos somos capaces de masticarlos, básicamente. Pero lo cierto es que ni nuestro tubo digestivo ni nuestras bacterias intestinales lo identifican como un alimento.

Son productos procesados, azúcares refinados, paquetes y cajas que contienen una combinación de más de cinco ingredientes que no sabemos qué son, entre conservantes, colorantes, potenciadores de sabor... Lo que sí tenemos claro es que suponen un absoluto desastre para nuestra salud. Desde nuestro punto de vista, no podemos entender cómo siguen en los supermercados, vendidos libremente, sin ningún tipo de regulación o advertencia contundente para quienes los consumen, del mismo tipo que cuando se obligó, de una vez por todas, a poner en las cajetillas de cigarros: «El tabaco mata». «Los productos procesados matan» sería igual de necesario en las etiquetas.

Actualmente, se considera este factor como el principal causante de la pandemia mundial de obesidad. Si estás enganchado a este tipo de productos, no te apures. Más adelante entenderás por qué y, desde ese conocimiento, seguro que te convences de que dejar de comerlos es una prioridad para tu salud y algo indispensable para poder llevar a cabo el ayuno con facilidad.

Alimentos, sí, pero ¿cuáles?

Partimos de la base de que nos conviene evitar o minimizar todos esos alimentos que suelen provocar una reacción inflamatoria y que han pasado a ser predominantes en nuestra nutrición recientemente: cereales, legumbres y lácteos.

Si la Revolución Industrial inició la producción de productos procesados, la revolución agrícola nos trajo los cereales, las legumbres y los lácteos. Esta revolución, aunque mucho más antigua, es, en términos evolutivos, extremadamente reciente. Se sabe que los seres humanos empezamos a incorporar la agricultura hace diez mil años, así que, en una historia de dos millones de años, eso sigue siendo una gota de agua en el océano.[24]

Como venimos adelantando, los seres humanos hemos pasado casi toda nuestra historia siendo cazadores-recolectores y hemos sobrevivido sin la mayoría de las enfermedades que nos afectan hoy en día. Ninguno de estos alimentos es necesario para estar sanos. Por el contrario, en muchas personas generan ciertas respuestas inflamatorias o les dañan el aparato digestivo. Por tanto, nuestra recomendación es reservar su consumo a momentos puntuales o a eventos sociales. Vamos a analizarlos.

---

24. Rook G, Bäckhed F, Levin BR, McFall-Ngai MJ, McLean AR. «Evolution, human-microbe interactions, and life history plasticity». *Lancet*. 2017;390(10093):521-530. doi:10.1016/S0140-6736(17)30566-4

Cereales [25]

Muchos de los componentes de los cereales son una muy reciente incorporación a nuestra dieta y carecemos de los recursos que permiten su procesamiento y reconocimiento por parte de nuestro aparato digestivo. Esto se traduce en que nos resultan literalmente imposibles de digerir. De entre los cereales que tienen una capacidad elevada de perjudicarnos, el trigo se lleva la palma. Lo usaremos como ejemplo paradigmático, aunque mucho de lo que te explicamos puede extrapolarse al resto de cereales.

¿Cuáles son las consecuencias de ingerir un nutriente al que aún no nos hemos adaptado? Muchas y muy diversas. El tema daría para una exhaustiva tesis doctoral, pero os dejamos algunas de las conclusiones más importantes: la combinación de las calorías vacías y la liberación de opiáceos en la mala digestión de las proteínas del trigo nos empujan a comer más de lo que realmente necesitamos. Por lo que, además de engancharnos, nos engordan.

También dañan nuestro intestino generando una inflamación silente, puesto que el trigo aumenta la permeabilidad intestinal. Esto significa que nuestra muralla defensiva, ante patógenos externos, tiene agujeros, lo cual pone en alerta a nuestro sistema inmunitario. La permeabilidad

---

25. Vojdani A, Kharrazian D, Mukherjee PS. «The prevalence of antibodies against wheat and milk proteins in blood donors and their contribution to neuroimmune reactivities». *Nutrients*. 2013;6(1):15-36. 2013 Dec 19. doi:10.3390/nu6010015

intestinal se asocia a patologías autoinmunes como la colitis ulcerosa, la diabetes tipo 1 o la esclerosis múltiple.

Además, el cuerpo, al percatarse de que se encuentra en un momento de peligro, entra en modo ahorro: tiende a quemar menos calorías y a querer comer más.

Lácteos [26]

El argumento por el que, para incorporar el ayuno a tu vida, te sugerimos la reducción de los lácteos es parecido al que te planteamos con los cereales. De nuevo, consumir leche (de otros animales) es algo extremadamente reciente (en términos de evolución) y a muchas personas pueden generarles ciertas dificultades. Sobre todo, en la digestión de su azúcar principal, la lactosa, y el procesamiento de su principal proteína, la caseína, que es muy alergénica y también se asocia a la permeabilidad intestinal.

Cabe destacar que, a diferencia de los cereales, los lácteos son un alimento de alta densidad nutricional. El problema es que la mayor parte de la población, una vez transcurrido el periodo de lactancia, pierde la capacidad de expresar la enzima que degrada la lactosa. Por ello, a la mayoría de la población adulta consumir lactosa le suele provocar malestares digestivos.

Por ende, aunque para ciertas personas puede suponer un alimento interesante, cuando lo que buscamos es que

---

26. Willett WC, Ludwig DS. «Milk and Health». *The New England Journal of Medicine*. 2020;382(7):644-654. doi:10.1056/NEJMra1903547

disminuya la inflamación, nuestra recomendación es, al menos, disminuir su consumo. A fin de cuentas, no tendrás ninguna carencia por no consumir lácteos y es muy probable que te ayude a disminuir la inflamación corporal.

Para conseguir el calcio que aportan los lácteos, las fuentes dietéticas alternativas incluyen col rizada, brócoli, nueces y naranja. O bien lácteos de cabra y oveja, ya que presentan una proteína más similar a la leche materna. Eso sí, siempre y cuando te sienten bien.

Legumbres

Son el tercer alimento que aparece con la agricultura. Existen varias razones por las que desaconsejamos su consumo habitual.

La primera es simple: es un alimento muy pobre en densidad nutricional y llenarte el estómago con él es perder la oportunidad de comer alimentos más nutritivos.

La segunda razón es la presencia de antinutrientes y fibra muy fermentable en las leguminosas. Debes pensar que la legumbre es la parte que la planta menos desea que te comas. Es su material genético, si te comes su semilla, ella desaparece como especie. Por tanto, es en la semilla donde se concentran el mayor número de toxinas. Esta es la explicación por la que una lechuga se pudre rápido si no la guardas en la nevera (se infecta por microorganismos) y, en cambio, puedes tener un año unos garbanzos en la despensa que no se pudrirán.

Estos antinutrientes[27] afectan a la buena función intestinal, boicoteando a las enzimas digestivas o impidiendo la absorción de ciertos minerales. La presencia de estas toxinas, junto con el tipo de fibra que tienen (que fermenta con mucha facilidad), es la explicación por la que a tantas personas les generan hinchazón y gases.

La cuestión no se hace esperar: si tu aparato digestivo te da señales claras de que le sientan mal las legumbres, ¿por qué no le haces caso?

Por todo ello, con las legumbres se trata de nuevo de hacer balance: puesto que tienen el potencial de afectar a nuestras digestiones y su aportación nutritiva es pobre, como intervención general te aconsejamos también reducir su consumo.

Carbohidratos[28]

Hay que diferenciar entre los carbohidratos **densos con calorías vacías y mayor capacidad inflamatoria**, que están presentes en el pan, la pasta, el arroz, la bollería y ese tipo de productos (aunque sean integrales), y los **poco densos,** como la fruta, la verdura y los tubérculos, que presentan un

---

27. Walkowiak J, Songin A, Przyslawski J, *et al.* «Vegetarian diet alters the assessment of exocrine pancreatic function with the use of fecal tests». *Journal of Pediatric Gastroenterology and Nutrition.* 2004;38(2):224-226. doi:10.1097/00005176-200402000-00024

28. Spreadbury I. «Comparison with ancestral diets suggests dense acellular carbohydrates promote an inflammatory microbiota, and may be the primary dietary cause of leptin resistance and obesity». *Diabetes, Metabolic Syndrome and Obesity: Targets and Therapy.* 2012;5:175-189. doi:10.2147/DMSO.S33473

20 % (o menos) de carbohidratos por cada 100 gramos. Podemos comer carbohidratos poco densos hasta saciarnos sin generar ni un excedente calórico ni inflamación. Y, como verás, poder comer hasta saciarte será algo clave para relacionarte con la comida con felicidad.

De todo lo anterior se colige que dejar de comer productos procesados, alimentos con potencial inflamatorio y los carbohidratos más densos no es una opción, es una necesidad.

¿Qué debes de tener en cuenta cuando te sientas a comer?

Necesitas alimentos de calidad. Hablamos de frutas, verduras, tubérculos (patatas, nabos, yuca, boniato...), huevos, aceitunas y aguacate; pescados azules y blancos, mariscos, carnes rojas y blancas; aceite de oliva, de coco o ghee;[29] frutos secos, coco, embutidos de calidad como el jamón, el lomo ibérico o la cecina; sal marina o de escamas; especias, dátiles o miel ecológica (nada de melazas, siropes artificiales ni azúcar); queso o yogur de cabra u oveja, kéfir de cabra u oveja y fideos de konjac. Todo ello riquísimo, supersaludable y con beneficios extraordinarios para tu organismo.

Cuando te sientas a comer, ha de haber en el plato una parte de proteína, otra de vegetales, otra de carbohidratos y otra de grasas.

---

29. Mantequilla clarificada procedente de la cultura ayurvédica.

Proteínas: a la semana repartiremos el consumo en 2 raciones de carne roja, 2 de carne blanca, 2 de pescado azul, 2 de pescado blanco, 2 de marisco y entre 8 y 12 huevos.

Vegetales y frutas (carbohidratos de baja densidad): han de estar en todas las comidas, con variedad de colores y formas.

Tubérculos: dependiendo del gasto calórico de cada uno, se consumirán en menor o mayor medida y, preferiblemente, a mediodía. Se consideran carbohidratos de baja densidad y entre ellos se incluyen las patatas.

Grasas: aceite de oliva en crudo, aguacate, aceitunas, coco y frutos secos (estos últimos con cuidado, ya que en exceso pueden sentar mal).

Comer con alegría y disfrutar de la comida hasta saciarte va a ser una de las premisas indispensables para reconciliarte con tu alimentación, de manera que el ayuno surja de forma natural y casi inevitable. Tiene que ser como una celebración, por lo que no vamos a poner cantidades límite a estos alimentos. Lo importante es que haya un equilibrio en la combinación de todo lo que sí podemos comer. No sirve comerse un plato enorme de vegetales y apenas proteína, ni lo contrario, excederse con las proteínas y no comer apenas verduras ni frutas.

En cuanto a los métodos de cocción, a la hora de cocinar evita el exceso de aceite, sobre todo, los fritos y el microondas, apuesta mejor por horno, plancha, macerados, parrilla, vapor, cocido, pochado, ahumado, marinado, etc.

¿Cómo se relaciona todo esto con el ayuno?

Al fin y al cabo, el objetivo final de este libro no tiene que ver solamente con que mejore tu estilo de vida, ni siquiera con que ayunes más o menos; lo que queremos es que, al aplicar esta filosofía, tu vida mejore, te sientas más sano y lleno de energía. Queremos que todos los cambios que incorpores no supongan un esfuerzo extremo, sino que, por el contrario, surjan casi de manera espontánea.

La cuestión es que, para sentir el ayuno como algo natural, lo primordial es tener un tubo digestivo sano. Cuando comes productos procesados o un exceso de carbohidratos refinados como el pan, la pasta y el arroz, alejándote de la ingesta de la comida real, se produce una desregulación de tu tubo digestivo, un trastorno de tu flora bacteriana y una alteración de tu ritmo de hambre-saciedad. Como resultado, es muy frecuente que te puedas encontrar con uno o varios de los siguientes síntomas:

- Digestiones pesadas.

- Reflujo.

- Distensión abdominal.

- Gases.

- Diarrea.

- Estreñimiento.

- Necesidad de comer-picar cada 2-3 horas.

En este contexto, plantearte el ayuno es un absurdo. Resulta imposible y además lo vas a pasar mal. Si empiezas a comer comida real y a evitar productos procesados y carbohidratos densos, verás que tu tubo digestivo empieza a mejorar, que los síntomas remiten y, muy pronto, que ya no tienes la necesidad de comer tan frecuentemente. En unos pocos días no necesitarás comer más de tres veces al día. Es el punto de partida para comenzar a mejorar tu estado de salud. ¡Sigue leyendo!

3

Por qué es mejor no comer que comer poco

Es posible que te surja esta duda: ¿No sería mejor, en vez de dejar completamente de comer, simplemente comer menos, como muchos recomiendan? La respuesta es no. El cuerpo no activa las mismas respuestas ante la escasez de comida que ante la ausencia de comida.

Cuando no comes nada es cuando el cuerpo identifica que tiene que movilizar las reservas de grasa, un maná inacabable de energía. Tu cerebro recuerda que tienes que moverte para encontrar comida.

En cambio, cuando comes poco, sobre todo si es algo rico en carbohidratos, es decir, azúcares, el cuerpo no es capaz de identificar que realmente debe movilizar sus reservas, sino que debe consumir lo que le entra, incluso si es poca cantidad.

Por lo tanto, en vez de gastar lo que ya acumula en la despensa, se pone en modo ahorro, lo que se traduce en reducir el metabolismo basal y la temperatura, provocar frío y ganas de quedarse en casa de puro cansancio.

Es más, el cuerpo, cuando se encuentra con azúcar y grasa, siempre elegirá consumir primero el azúcar en vez de recurrir a la grasa aunque nos aporte menos energía, porque estamos configurados genéticamente para almacenar la grasa y consumir en primer lugar el azúcar. Si entra poca cantidad, nuestro cuerpo consumirá poca cantidad, es decir, que el gasto calórico será mínimo.

Por eso las dietas hipocalóricas, que restringen la cantidad de calorías que pueden ingerirse diariamente, provocan sufrimiento, ya que están basadas en una premisa equivocada. Cuando una persona desea perder peso, lo hace para ser feliz y encontrarse mejor físicamente. Sin embargo, la restricción calórica produce infelicidad, dado que envía a nuestro cerebro el mensaje de que, al tener menos capacidad para conseguir alimento, estamos en peligro, y este responde haciendo que sintamos hambre constantemente, que tengamos frío y que nuestro sistema inmunitario se debilite.

Cómo lo explica la ciencia

Existen dos ejemplos paradigmáticos que confirman este mecanismo. El primero es el famoso estudio que se hizo en Minnesota en 1944, conocido como el *Minnesota starvation experiment* (Experimento de inanición de Minnesota).[30]

---

30. Keys *et al.*, *The Biology of Human Starvation*, University of Minnesota Press, Minnesota 1950.

Este estudio fue diseñado para entender los efectos de la restricción calórica en el organismo y poder ayudar a las personas que morían de hambre a causa de las secuelas de la Segunda Guerra Mundial. Treinta y seis hombres sanos con una altura media de 1,78 metros y un peso medio de 69 kg fueron seleccionados. Durante tres meses, ingirieron una dieta de 3.200 calorías al día. Luego, durante seis meses, solo ingirieron 1.570 calorías.

Sin embargo, la ingesta calórica se ajustó para intentar hacer que los hombres perdieran 1,1 kg por semana, lo que significaba que algunos de ellos obtuvieron menos de 1.000 calorías por día.

Los alimentos que se proporcionaron a los sujetos del estudio eran altos en carbohidratos (patatas, nabos, pan y macarrones). Rara vez se les daba carne y lácteos. Durante seis meses, aquellos hombres experimentaron profundos cambios físicos y psicológicos.

Todos se quejaron de que tenían mucho frío. Esto, como veremos, es muy importante. Un sujeto comentó que tuvo que usar un suéter en julio en un día soleado. La temperatura corporal de los individuos bajó a un promedio de 35,4 ºC. La resistencia física se redujo a la mitad y la fuerza disminuyó un 21 %.

Los hombres del estudio experimentaron una completa falta de interés en todo excepto en la comida, con la que estaban obsesionados. Tenían siempre hambre, constante e intensamente. Hubo varios casos de comportamiento neurótico, como coleccionar utensilios y libros de cocina.

Dos participantes tuvieron que ser expulsados del experimento porque admitieron haber robado y comido varios nabos crudos y haber cogido restos de comida de la basura.

Al principio del estudio, se permitió a los participantes masticar chicle, hasta que algunos de los hombres comenzaron a masticar hasta cuarenta paquetes por día.

El extremo opuesto, el ayuno total

Vamos a compararlo ahora con el otro extremo absoluto, que va mucho más allá del ayuno intermitente: el famoso caso de Angus Barbieri, un escocés que, en 1965, ayunó durante 380 días seguidos.[31]

Este hombre no consumió ningún alimento más allá de agua, café, té y un multivitamínico durante más de un año. Lo interesante de este caso es que obtuvo un seguimiento médico y fue publicado como *case report* en la revista científica *Postgraduate Medical Journal*.

«El paciente permaneció sin síntomas, se sintió bien e hizo vida normal» y «el ayuno prolongado en este paciente no tuvo efectos negativos». No manifestó quejas de hambre constante y, durante varios años después del estudio, su peso se mantuvo en alrededor de 88 kg.

---

31. Stewart W.K. y Fleming, L.W., «Features of a successful therapeutic fast of 382 days' duration», *US National Library of Medicine, Postgraduate Medical Journal*, marzo de 1973.

Ambos estudios no pueden ser comparables, pues en el caso de Angus solo hay un individuo y su peso inicial era mucho más alto que el de los sujetos del experimento de Minnesota. Sin embargo, sí ilustran hechos muy interesantes acerca de la diferencia entre la respuesta fisiológica que se consigue con el ayuno (es decir, dejar de comer) en comparación con comer menos o con restricción calórica.

Pero esto, ¿cómo se explica?

Como ya hemos adelantado, tener acceso continuo a la comida es algo extremadamente reciente para el ser humano. Durante la mayor parte de nuestra evolución como especie, hemos vivido momentos en los que teníamos acceso a comida y momentos en los que teníamos que buscarla. Son dos estados corporales completamente diferentes. Es lo que se conoce como ritmo de ayuno/actividad – fiesta/descanso. **Cuando comes, almacenas; cuando buscas comida, usas tus reservas.**

Además, cuando teníamos que ir a buscar comida, era fundamental tener la energía y la capacidad de estar alerta para encontrarla. En cambio, cuando hemos tenido alimentos a nuestro alcance, se ha producido el efecto contrario: nos hemos relajado y nuestro organismo ha conservado lo que hemos comido.

Desde un punto de vista metabólico, cuando llevamos horas sin comer el cuerpo usa la grasa como combustible (tenemos reservas casi infinitas de grasa corporal) y produce hormonas como la grelina, que nos mantiene activos, motivados y despiertos. Además, transformamos parte de la grasa en cuerpos cetónicos, un sustrato energético que le encanta al cerebro.

En cambio, cuando comemos producimos varias hormonas (la más conocida de ellas es la insulina) que informan al cerebro de que está llegando comida y hay que dejar de quemar grasa, ya que podemos quemar glucosa, y de que podemos permitirnos estar quietos, almacenar reservas y descansar.

¿Qué ocurre si comemos poco?

Al igual que les sucedió a los participantes del estudio de Minnesota, al cuerpo le cuesta mucho quemar grasa para producir energía y el cerebro nos dice que no nos podemos permitir despilfarrar y se pone en modo ahorro calórico.

Por contra, cuando ayunamos, nuestro gasto calórico no baja, sino que sube. El cuerpo no almacena calorías, sino que consume más, porque las necesita para buscar comida. Y las calorías, como su propio nombre indica, producen calor.

Además, al ser eficientes quemando grasas, no necesitamos degradar músculo para obtener glucosa, porque tenemos acceso a nuestra fuente de energía principal, al maná: la grasa.

Por tanto, durante el ayuno, tenemos acceso a la energía (nuestro cerebro la activa porque, para él, tenemos que estar preparados para cazar), movilizamos grasa y conservamos el músculo. Por el contrario, en la restricción calórica, entramos en un estado de semihibernación, quemando menos calorías, sintiendo frío y adormeciéndonos.

Ahora es mucho más fácil entender por qué el ayuno intermitente reduce los triglicéridos y mejora el perfil lipídico (lógico, nos ayuda a ser eficientes quemando grasa) y mejora la sensibilidad a la insulina (lógico, dejamos de producir tanta y el cuerpo se resintoniza).

En definitiva, el estado metabólico del ayuno favorece el uso de la grasa como combustible: invertir energía para conseguir energía. En cambio, la restricción calórica provoca lo contrario: frena los procesos corporales para gastar menos energía.

Ayuno intermitente o alternancia de estrategias

Teniendo en cuenta todo lo anterior, lo que te proponemos es alternar entre una cosa y la otra: comer hasta saciarte y que tu cerebro se quede tranquilo, ser feliz y disfrutar de la comida; y, durante el resto del tiempo, ayunar. Porque mientras no comes, se activan todos los mecanismos que hacen que te transformes en un guerrero y una máquina de quemar grasas.

La opción contraria, la de comer a menudo en pocas cantidades, puede generar frustración. Para nuestra especie no tiene sentido, nuestro cerebro no entiende que tengamos acceso a los alimentos pero no los consumamos o restrinjamos su ingesta. El ayuno intermitente te permitirá comerte tres platos a mediodía, y muy probablemente los que te conozcan te preguntarán: «¿Cómo puedes comer tanto y estar tan bien?» Estarás generando una relación con la comida en la que gozas y, como no has comido nada hace muchas horas, cuando lo haces, lo disfrutas.

Una comparación muy real

Cuando te comas un gran chuletón con verduras y patatas al horno, es posible que tus amigos te observen con asombro. Pero probablemente ellos habrán desayunado galletas con leche y un bocadillo a media mañana, estarán picando patatas fritas o canapés como aperitivo, después se comerán un plato de pasta o arroz y por último tendrán que aflojarse el cinturón para poder terminar con una porción de tarta de chocolate.

En cambio, cuando entras en la dinámica del ayuno intermitente, si te sientas a comer a mediodía y te sirven una ensalada pequeña y un trocito de pescado, prefieres no comer, porque tener hambre y saber que no podrás saciarte te anima a esperar a cenar en casa tranquilamente. Y esto es libertad: tú decides si comes o no comes, no tienes que comer mal por el simple hecho de que sea la hora establecida por las convenciones sociales.

Órdenes contradictorias

La prescripción habitual para perder peso suele ser «come menos y muévete más», cuando en realidad son dos órdenes contradictorias: si comemos menos, nuestro cuerpo se negará a moverse más, como ya hemos visto. Nosotros apostamos por una mejora en esta máxima: «Come bien y muévete más».

Al comer menos, le estamos enviando a nuestro cerebro el mensaje siguiente: «Está llegando poca comida, no nos podemos permitir despilfarrar energía». A la orden «muévete más», tu cuerpo responde: «Disculpa, no es un buen momento para moverse porque están llegando pocas calorías», de ahí que haya tan poca adherencia a los planes deportivos.

Esta estrategia solo puede llevarte al fracaso, provocando sufrimiento a tu organismo, dado que, al restringir la llegada de alimento, el cerebro no genera los mecanismos naturales de recompensa por el movimiento. No genera endorfinas, las hormonas encargadas de la felicidad.

Nuestra propuesta es que generes el contexto adecuado para una relación sana y en libertad con la comida, a fin de que puedas movilizar tus reservas de forma que favorezcan el movimiento, para que tu organismo esté en forma y con energía.

Actividad anticipatoria a la comida

En los mamíferos se produce un fenómeno llamado *food anticipatory activity*,[32] esto es: una hora antes de ingerir ali-

---

32. de Lartigue G, McDougle M. «Dorsal striatum dopamine oscillations: Setting the pace of food anticipatory activity». *Acta Physiologica (Wiley Online Library)*, (Oxf). 2019;225(1):e13152. doi:10.1111/apha.13152

mentos, el cuerpo genera movimientos espontáneos. El organismo siente la necesidad de realizar actividad física, porque el cuerpo ya anticipa que debe activarse para poder comer. Si esto ocurre en todos los mamíferos, también debería producirse en los humanos, pero por desgracia hace ya mucho tiempo que nuestra especie no espera a tener el estómago vacío.

En realidad, estamos diseñados para comer dos veces al día, espaciar las ingestas y realizar actividad física en ayunas. Sin embargo, la medicina convencional considera el método del ayuno intermitente como terapia alternativa, cuando debería ser justo al revés. La medicina convencional debería basarse en el modo de funcionar de nuestra fisiología, en los ritmos naturales de nuestro metabolismo. Solo muy puntualmente deberíamos comer cinco veces al día en pocas cantidades y, además, realizar actividad física.

Nuestros ancestros, los constructores de nuestra fisiología, en muy pocas ocasiones tenían la oportunidad de actuar así.

Algunas aplicaciones para *smartphones* de ayuno intermitente proponen empezar a ayunar directamente basándose en la limitación, la restricción y la prohibición, en lugar de comenzar a cambiar generando el contexto adecuado para que nuestro organismo se vaya adaptando a los nuevos hábitos de forma natural. Tenemos el testimonio de una paciente que tuvo una mala experiencia con una de estas *apps*.

El caso de Elisabet

«La verdad es que había leído muchas cosas en Internet sobre el ayuno intermitente y, poco después, empecé a recibir un auténtico bombardeo de publicidad sobre *apps* a través de las redes sociales. Instalé una en la que aparece un cronómetro que indica cuántas horas te quedan para romper el ayuno, lo cual te crea muchísima ansiedad, porque te lleva a pensar todo el rato en comer. Yo estaba deseando que pasasen las horas, e incluso me rebelaba, aunque no tuviera hambre, por acabar con la obsesión. Pero es que, además, muchas de estas *apps* tampoco indican lo que debes comer. Te tientan con fotografías que sugieren que, durante tu ventana de comidas, podrás disfrutar de bollería, productos supercalóricos y toda la comida basura que te apetezca, siempre que los consumas en esas horas de 'barra libre'. Yo creo que hay que tener cuidado, porque puedes acabar con un problema nutricional si no sigues una dieta saludable, además del ayuno».

Lo que queremos transmitir con este ejemplo es que estas *apps* te ponen un cronómetro para marcarte cuántas horas puedes ayunar, mientras que lo que nosotros te proponemos es que nadie te lo marque desde el exterior, sino que tú mismo sientas de manera espontánea cuándo tu cuerpo te pide volver a comer.

Utilizar la herramienta del ayuno intermitente de este modo es considerar que nos encontramos en un contexto de abundancia, algo que sería propio del pensamiento de personas que tienen miedo a la escasez, como los abuelos que pasaron hambre durante la guerra y tienen miedo de quedarse sin comida, no vaya a ser que mañana no puedan comprar nada y les empiecen a bombardear de nuevo. Es como si hubiéramos heredado ese «miedo» y se hubiera quedado grabado en nuestro subconsciente.

Pero la realidad es muy distinta. Nuestro organismo puede pasar tres días sin agua y tiene energía suficiente para sobrevivir noventa días sin comer. Por eso no debemos tener ningún problema para saltarnos una comida. Te lo vamos a demostrar en los siguientes capítulos. Déjate llevar por los buenos consejos en lugar de por los falsos mitos de la medicina del pasado, que no tiene en cuenta tu naturaleza, ni por las modernas *apps* que solo van en busca de tu dinero.

4

¿Qué ocurre en el organismo durante el ayuno?

Numerosos estudios científicos[33] confirman que el ayuno aporta múltiples beneficios para la salud. Para que lo tengas claro nada más empezar, queremos enumerarte los principales efectos positivos que ocurren durante el ayuno.

- Aumenta el SIRT3, la proteína de la juventud, y reduce la mortalidad.

- Favorece la renovación celular (o autofagia), otro de nuestros sistemas antienvejecimiento, que incluso actúa en el cerebro.

- Reduce la inflamación.

---

33. de Cabo R., Mattson MP., «Effects of Intermittent Fasting on Health, Aging, and Disease», *The New England Journal of Medicine*, 2019;381(26):2541-2551.

- Reduce los triglicéridos y mejora el equilibrio de las grasas saludables.

- Mejora la plasticidad neuronal o la capacidad de adaptación cerebral.

- Mejora la presión arterial.

- Te protege de sufrir enfermedades metabólicas.

- Limita el crecimiento de células cancerígenas y hace más tolerable la quimioterapia.

- Promueve la pérdida de peso conservando la masa muscular.

Para nosotros, más interesantes que estos titulares son los mecanismos que nos llevan a producir estos efectos. Entender lo que ocurre es motivador y permite que lo que hagas no sea un acto de fe sino una decisión personal.

La célula se da cuenta de que necesita mejorar

La célula tiene diferentes maneras de saber si está llegando alimento a nuestro organismo o no. Dispone de sensores de alimentos y energía. Si no llegan alimentos y baja la energía celular, la célula recibe este mensaje: «Estamos en ayunas».

Y eso es lo que activa los mecanismos de protección y mejora ante esa situación.

El mecanismo principal y del que más se está hablando actualmente se llama autofagia, que quiere decir que la célula, al detectar que no llega alimento, tiene que reaccionar. Cuando esa célula no tiene energía, decide consumir fragmentos de sí misma para transformarlos en energía.

¿Y qué consume normalmente? Aquello que no funcionaba bien. La célula toma la decisión de consumir las partes defectuosas de sí misma, obtener energía y, cuando detecta que está recibiendo alimento de nuevo, restaurar las zonas destruidas. De modo que, con el ayuno, favorecemos el mecanismo universal más potente de regeneración y antienvejecimiento que existe.

Subir los niveles de NAD+ rejuvenece y repara tu ADN

Con el ayuno, suben los niveles de un recurso celular que se llama NAD+ (dinucleótido de nicotinamida y adenina), un mediador indispensable en procesos metabólicos y fisiológicos vitales, que incluyen la producción de energía y la fabricación y reparación de nuestro material genético.

¿Y esto por qué es importante? Porque se ha comprobado que, con la edad, perdemos esos niveles de NAD+ altamente asociados a la lucha contra el envejecimiento y que el ayuno es una de las maneras más potentes de aumentar estos niveles celulares.

Vivir envejece, no hay duda. El metabolismo y la vida cotidiana pueden dañar el ADN, pero si subimos los niveles de NAD+, activaremos mecanismos de reparación internos como las enzimas PARP (poli ADP ribosa polimerasa) y las sirtuinas, que juegan un papel clave en la salud y la longevidad en casi todos los organismos.

Hasta aquí, lo que ocurre a nivel celular.

A nivel metabólico, una revolución

Al ayunar, a nivel general, el cuerpo se está dando cuenta de que no le está llegando alimento. Por consiguiente empieza a movilizar sus reservas, liberar ácidos grasos y transformar esas grasas en unas sustancias que se llaman cetonas, el mejor alimento para nuestro cerebro.

De hecho, a nuestras neuronas les encanta funcionar con cuerpos cetónicos,[34] lo cual es una de las explicaciones por las cuales, cuando estamos ayunando, la combinación del hambre y la utilización de cuerpos cetónicos hace que tengamos la sensación de que nuestra mente funciona mejor: aumenta nuestra concentración y creatividad, y somos más brillantes a nivel profesional y personal.

---

34. Cullingford TE. «The ketogenic diet; fatty acids, fatty acid-activated receptors and neurological disorders». *Prostaglandins, Leukotrienes and Essential Fatty Acids.* 2004;70(3):253-264. doi:10.1016/j.plefa.2003.09.008

Los efectos son progresivos

No todas las células sufren una disminución energética en el mismo momento y, por tanto, no activarán la autofagia a la vez. Si lo piensas, tiene mucha lógica: es normal que órganos como el cerebro o el sistema inmunitario, cuya función es salvarnos la vida, tarden más en quedarse sin energía y, por tanto, activen más tarde los mecanismos de reparación celular.

Un ejemplo habitual es el impacto de una infección grave sobre nuestra salud. En esos casos, el sistema inmunitario es tan importante para el organismo que acapara una gran cantidad de energía, de forma que, a veces, podemos entrar en shock porque el resto de sistemas colapsan.

El hígado será el primer órgano vital que recibirá la información de que nos falta energía, ya que detectará antes que ningún otro que estamos en ayunas. Una de sus funciones es justamente esa: ser un sensor energético y encargarse de decidir si es necesario consumir reservas o no.

Entender que la carencia energética no ocurre a la vez en todos los órganos es determinante para acoplar tu objetivo a las horas de ayuno.

En el capítulo 7, te contamos la dosis óptima de ayuno para cada uno de los objetivos que te plantees, pero aquí va un anticipo: si quieres mejorar tu hígado, con un ayuno de poco tiempo, por ejemplo, 12 horas, tendrás suficiente. En cambio, tu sistema inmunitario, que es un sistema prioritario, requiere de ayunos más largos. Si deseas prevenir ciertas enfermedades o mejorar tu concentración o tu capacidad metabólica, también te aconsejaremos durante qué franja horaria te conviene ayunar.

En cuanto al cerebro, es un órgano tan importante que normalmente ni siquiera pasa hambre, sino que percibe un contexto de falta de alimento (es decir, liberación de cuerpos cetónicos y otras sustancias) y solo con eso tiene suficiente para activar mecanismos de reparación. Claramente, el cerebro es el órgano que nos salva la vida, motivo por el cual todo lo que reconoce como un reto para la supervivencia (ya sea movimiento, frío, calor o ayuno) activa mecanismos de reparación y crecimiento neuronal.

Nuestro cuerpo usa el ayuno para sobrevivir

Si obligas a comer a un animal que sufre una infección bacteriana y no tiene hambre, sus posibilidades de morir aumentan un 30%.[35] El cuerpo es más eficiente regulando la cantidad de energía que debe dirigir al sistema inmunitario si usa las reservas de grasa que si se añade nuevo alimento. Por eso es tan importante el ayuno durante la enfermedad y la convalecencia, siempre que el paciente no tenga sensación de hambre.

Puede que te lleguen a la mente momentos en los que se te quita el hambre. Estás nervioso o enamorado y se te cierra el estómago, o tienes dolor de garganta y solo quieres quedarte

---

35. Wang, Andrew et al. «Opposing Effects of Fasting Metabolism on Tissue Tolerance in Bacterial and Viral Inflammation.» *Cell* vol. 166,6 (2016): 1512-1525.e12. doi:10.1016/j.cell.2016.07.026

en la cama. ¿En serio piensas que, en momentos tan determinantes el cuerpo tomará la decisión errónea? Si te pide no comer, ¿no será por algo? ¿No será que así eres más eficaz? Y, por último, ¿quieres seguir comiendo cinco veces al día y no tener la capacidad de utilizar esta estrategia a tu favor?

La grelina estimula la producción de dopamina

Cuando estamos en ayunas, cuerpo y cerebro se alían para ayudarnos a ir a buscar nuestro sustento en la mejor de las condiciones: sin cansancio (gracias a la grelina), motivados (por la dopamina) y mentalmente ágiles (debido a los cuerpos cetónicos). Nos explicamos, por partes.

Cuando tu organismo necesita que vayas en busca de alimento, una hormona llamada grelina te abre el apetito, al mismo tiempo que inhibe la sensación de cansancio, porque tu cerebro te necesita activo para que encuentres comida.[36]

El hambre también produce un incremento de dopamina, hormona clave en nuestro circuito de la recompensa, que nos motiva a ir de muy buena gana a buscar esa comida.

Al tener la necesidad de alimentarse, nuestro cerebro debe estar más sagaz que nunca, porque debe aprovechar cualquier oportunidad para conseguir comida y, para ello, estimula la producción de cuerpos cetónicos.

---

36. Krystal AD, Benca RM, Kilduff TS. «Understanding the sleep-wake cycle: sleep, insomnia, and the orexin system». *Journal of Clinical Psychiatry*. 2013;74 Suppl 1:3-20. doi:10.4088/JCP.13011su1c

El ayuno intermitente es una manera natural de generar las hormonas de la motivación, partiendo de la base de que, cuando hacemos algo por lo que nos sentimos motivados, lo hacemos sin ningún tipo de esfuerzo.

Imagínate algo que te encante. Por ejemplo, hacer turismo gastronómico para ir a restaurantes donde sepas que vas a comer de maravilla o a casa de tu abuela a comerte aquel plato que te hacía de pequeño. Supongamos que no existe transporte público para llegar hasta su localización y tampoco tienes vehículo. ¿Verdad que eres capaz de caminar dos horas por el placer de sentarte a esa mesa y comerte tu plato favorito?

La razón es que te sientes motivado por la recompensa que vas a obtener. Además, solamente estando en ayunas tu motivación para moverte y devorar esa comida se multiplicará por mil y alcanzar tu objetivo te proporcionará el triple de placer. ¡Y a tu abuela, que te lo comas todo, por supuesto!

La cultura actual ha creado lo que llamamos «miedo al hambre», combatiéndolo con la consigna de que debemos comer cinco veces al día para no llegar a sentir esa sensación en ningún momento. El hambre, como otras reacciones naturales del organismo, tal que la sed y el dolor, es una señal especial que informa al cerebro e induce, a su vez, a una conducta.[37]

---

37. Strigo IA, Craig AD. «Interoception, homeostatic emotions and sympathovagal balance». *Philosophical Transactions of the Royal Society, Biological Sciences.* 2016;371(1708):20160010. doi:10.1098/rstb.2016.0010

Sin embargo, lo mejor que nos puede pasar es llegar a la comida con hambre, ya que de este modo aumentan considerablemente las posibilidades de que nos siente bien. El hambre es el lenguaje que utiliza el estómago para comunicarle a tu cerebro que está preparado para digerir: si no tenemos hambre, es porque todavía no hemos terminado de digerir la comida anterior.[38]

¿Cómo deberíamos comer entonces?

Una forma sencilla de entender cómo funciona nuestro sistema digestivo es observar el comportamiento de los niños. Supongamos que tu hijo, por la razón que sea, se salta la merienda y llega a la cena hambriento. Disfrutará de la comida y se acabará el plato como un campeón. Ahora compáralo con los días en los que ha comido con frecuencia, picando de aquí y de allá. Se sienta a la mesa y tienes que estar luchando con él para que se acabe la comida. ¿Qué prefieres? ¿Qué te parece más natural? ¿Cómo deberíamos comer los adultos, en consecuencia? ¿En qué contexto? ¿Qué crees que es mejor para el tubo digestivo: comer naturalmente cuando existe apetito o comer forzosamente, porque supuestamente «es la hora», aunque no tengas ni pizca de hambre?

---

38. Camilleri M. «Gastrointestinal hormones and regulation of gastric emptying». *Current Opinion in Endocrinology, Diabetes, and Obesity.* 2019;26(1):3-10. doi:10.1097/MED.0000000000000448

Como vas intuyendo, el ayuno forma parte de la manera más natural y eficaz para recuperar tu salud, pero nada se equipara a que lo experimentes por ti mismo. Considera este libro como una propuesta para «elegir tu propia aventura». Puedes seguir leyendo o ir directamente al capítulo 11 para empezar a practicar esta nueva manera de alimentarte.

5
¿Ayunar para perder peso o para tener salud y ser feliz?

Para nuestro cerebro, el objetivo «perder peso» tiene una connotación psicológica negativa. A nadie le gusta «perder» ni renunciar a nada, y nuestro cuerpo no es una excepción.

Las dificultades internas que sientes cuando te propones adelgazar sobrevienen porque anticipas inconvenientes y obstáculos debido a que estás yendo hacia lo desconocido y sufres. Crees que no podrás adoptar determinados cambios, piensas que no podrás vivir sin pan e incluso prefieres vivir menos pero seguir manteniendo tus hábitos.

El caso de Montse:

«Yo llevo toda la vida poniéndome a dieta pero me cuesta un montón ser constante, lo paso fatal; empiezo motivada pero, al cabo de unos días, me rindo porque me encanta comer y, además, cuando tengo bajones emocionales, siento ansiedad y no puedo evitar comer. Intento comer sano, pero lo que me apetecen son cosas como bollería, chocolates, helados, pasta... Y es como un pozo sin fondo. Luego me siento fatal, al día siguiente me autoflagelo; me prometo a mí misma que nunca más, que ya sí que me lo voy a tomar en serio y voy a seguir el régimen al pie de la letra. Pero después me llevo un disgusto, o simplemente me junto con amigos para comer, y pierdo toda fuerza de voluntad, como incluso más de lo que necesito para compensar los días que he comido sano. No sé cómo salir del bucle, lo llevo fatal, pero tengo claro que necesito adelgazar».

En efecto, si tú, como la mujer del testimonio, estás leyendo este libro porque tu objetivo es adelgazar, muy posiblemente recuerdes todas las veces que lo has intentado y no lo has conseguido; y también es probable que conectes con el estado emocional que te ha conducido a tener este deseo: no sentirte bien contigo mismo, verte mal... Sin duda, pensamientos negativos que en nada te van a ayudar.

Déjate llevar por nosotros, tenemos un mensaje esperanzador para ti: tu organismo no quiere malgastar tus reservas, en cambio, sí que le parece fenomenal que inviertas tus esfuerzos en pro de conseguir algo importante para ti.

Pero, como te estamos anunciando, no se trata de luchar con toda tu fuerza de voluntad, porque se agota, sino de generar el contexto en el que adelgazar sea una consecuencia de cuidarte.

Imagina que puedes hacer algo para sentirte con energía, lucidez mental y motivación; y que, por el camino, además, tu cuerpo va a ir moldeándose para ser la mejor versión de sí mismo de manera que pueda acompañarte en el proceso.

Los años de experiencia con nuestros pacientes nos han brindado una máxima: «Para incorporar un cambio en tu estilo de vida, tienes que generar sensaciones satisfactorias, no sufrimiento». Este libro está diseñado para que así sea, desde el planteamiento de los objetivos hasta su logro.

¿Por qué te va a ayudar el ayuno?

Gracias a que el ayuno es la mejor herramienta conocida para mantener niveles eficientes de energía y activar nuestros mecanismos naturales de regeneración, te ayudará a convertirte en alguien con más energía, más capacidad, más vitalidad, sin malestar; este método eliminará la inflamación permanente a la que se ve sujeto tu intestino y contribuirá a que tu peso corporal se normalice. O sea, a transformarte en tu verdadero yo.

Es muy posible que, cuando mejore tu vitalidad y tu bienestar, dejes de preocuparte por no cumplir los estrictos cánones estéticos que nos impone la sociedad de consumo.

Si bien es cierto que vas a normalizar tu peso con el ayuno, ¿cuál es el canon estético que domina hoy en día en los medios de comunicación? Una tipología absolutamente artificial y diseñada, de nuevo, por aquellos cuyos intereses económicos dependen de que compres sus productos.

En el caso de los hombres, se les intenta vender anabolizantes y todo tipo de sustancias para estar corpulentos, mazados, con brazos musculosos y tableta abdominal marcada... La peor parte se la llevan las mujeres a las que se les piden retos totalmente incoherentes: que estén fibradas, pero que tengan las piernas finas; que estén fuertes, pero no demasiado anchas; que tengan una cintura pequeña, pero unos pechos desproporcionados, que marquen un trasero respingón pero unos brazos finos. Y como todo eso a la vez es imposible, les venden todo tipo de artículos adelgazantes, tratamientos anticelulíticos, estéticos e incluso quirúrgicos.

Pero es más: a la vez, te venden alimentos procesados que engañan a tu cerebro para que comas más de lo que necesitas, de forma que no te quede más remedio que recurrir a los productos adelgazantes para cumplir con el modelo estándar. Un negocio redondo, ¿verdad?

Normalizar el peso corporal es saludable, pero lo más importante es tener siempre en mente el objetivo principal: la salud y el bienestar. Plantéate este objetivo desde la felicidad y en pro de sentirte bien, no como una cortina de humo para vencer otro tipo de frustraciones. Tener un criterio estético propio no está mal, es perfecto que tú puedas elegir cómo es tu cuerpo y cómo se siente bien. Pero cuando uno recupera su fuerza, es mucho más capaz de reconocer su propia valía y no compararse con lo que nos imponen las marcas comerciales.

Mucha gente se autoengaña asegurando que la solución a todos sus problemas sería perder peso. A ver, sé realista: si te tocamos ahora con una varita mágica y te damos tu peso ideal, ¿vas a ser feliz? ¿Estar delgado da la felicidad? Olvídalo, eso es como pensar que vas a ser feliz solo porque te toque la lotería (te sorprenderían los datos existentes de lo poco que impactan los premios en la felicidad de las personas). Si no cambias el contexto y lo que es realmente importante para ti, por mucho que peses veinte kilos menos, no serás feliz. Porque si dependiera solamente del peso, sería fácil alcanzar la felicidad con una simple operación de estómago.

Dale la vuelta al razonamiento: no se trata de perder peso para ser más feliz, sino de ser más feliz para tener el peso adecuado. Siendo feliz, recuperarás tu peso normal o dejará de ser importante para ti. El camino de la felicidad va de adentro hacia afuera.

Si te encuentras mal de salud, tomas decisiones equivocadas, tienes problemas digestivos o sientes que te falta energía, tu estado general se transmite en tu aspecto exterior. Lo que es peor, cualquier imprevisto o situación exterior te influye más, te hace sentirte más desdichado. Transformarte también tiene que ver con que tú construyas un estado de salud y de energía en el que pases a ser el protagonista y, las personas de tu entorno, meros observadores.

La mejor manera de normalizar el peso corporal es movilizar nuestras reservas de energía enviando la información adecuada al cerebro, es decir, ayunando. ¿Cuál es la buena noticia? Numerosos estudios [39] demuestran que el mero hecho de generar unas ventanas de ingesta de entre 10-12 horas o 12-14 horas de ayuno, genera cambios importantes en el peso corporal.

Como siempre, esto se empezó a estudiar en ratones de laboratorio

Hace tiempo que la ciencia es capaz de provocar diabetes e hígado graso a los ratones proporcionándoles lo que se conoce como «dieta de cafetería», es decir, una alimentación rica en grasas de mala calidad y azúcares. Pero lo interesante de todo esto es que un grupo de estudio liderado por el científico Sahin Panda [40] observó que, cuando se ofrecía comida basura a los ratones, estos comían a todas horas. En cambio, si se les proporcionaban alimentos naturales, solamente comían por la noche, el momento en que lo hacen los ratones en libertad, ya que son roedores nocturnos.

---

39. Zarrinpar *et al.*, «Diet and Feeding Pattern Affect the Diurnal Dynamics of the Gut Microbiome», *Cell metabolism* vol. 20,6 (2014): 1006-17. doi:10.1016/j.cmet.2014.11.008

40. Chaix, Amandine et al. «Time-restricted feeding is a preventative and therapeutic intervention against diverse nutritional challenges.» *Cell metabolism* vol. 20,6 (2014): 991-1005. doi:10.1016/j.cmet.2014.11.001

Llegados a este punto, los científicos se hicieron la siguiente pregunta: ¿Existe alguna relación entre el momento del día en que comen con el desarrollo de la diabetes en estos animales? Para comprobarlo, dividieron a los ratones en dos grupos. A ambos se les dio exactamente la misma cantidad de comida de cafetería, pero a un grupo se le restringió el acceso a los alimentos por la noche (recuerda que ese es el momento en el que los ratones se alimentan cuando están en libertad) y a otros, acceso libre.

Los resultados del experimento fueron espectaculares.

A las 18 semanas, los ratones que se habían alimentado a base de comida basura pero en periodos de no más de 12 horas al día, tenían un 70 % menos de grasa y un 30 % menos de peso. Pero, además, se redujeron drásticamente sus niveles de colesterol y azúcar en sangre y sus marcadores inflamatorios, mostraron una mayor capacidad de consumo energético, su función cardiaca mejoró notablemente, dormían mejor y aumentaron su nivel de control motor.

Por otro lado, los ratones que habían comido sin límites padecían hígado graso, mientras los que habían hecho una alimentación restringida en el tiempo (más conocida en inglés como *Time Restricted Feeding*) habían mantenido un hígado sano.

Una réplica idéntica en humanos

Cualquier tratamiento de salud se prueba en primer lugar en animales y, si los resultados lo aconsejan, se experimenta después en humanos. Los resultados del experimento de

Sahin Panda fueron tan positivos y prometedores que el estudio se replicó en humanos y se observó que, si restringían el tiempo de ingesta a 10 o, como máximo 12 horas, y lo hacían durante el día, aun sin ningún tipo de pauta dietética, a las 16 semanas habían perdido peso, tenían más energía a lo largo del día, menos hambre por la noche y una mejor calidad de sueño.

Otro aspecto que nos enseñó este estudio es que seguir el ayuno como método es más sencillo, más llevadero; es decir, lo abandonamos menos porque el cuerpo sabe qué hacer durante el ayuno.

En 2018, un grupo de científicos realizaron otro estudio en humanos [41] bastante más drástico. Sometieron a los participantes a días de ayuno totales. Durante un día no podían comer nada y al día siguiente, durante una ventana de 24 horas, podían comer normalmente.[42] De las noventa personas que siguieron el programa de ayuno, solo dos fallaron. Esto demostró que los ayunos puntuales son mucho más fáciles de mantener que todas las dietas de restricción calórica que se han estudiado hasta la fecha.

41. Tripolt, N.J., Stekovic, S., Aberer, F. *et al.* «Intermittent Fasting (Alternate Day Fasting) in Healthy, Non-obese Adults: Protocol for a Cohort Trial with an Embedded Randomized Controlled Pilot Trial». *Advances in Therapy* 35, 1265–1283 (2018). doi:10.1007/s12325-018-0746-5

42. **Aclaración muy relevante:** no estamos proponiendo que sigas este modelo de ayuno. Para nuestros lectores tenemos el protocolo del capítulo 11, donde enseñamos a llegar a ventanas de ayuno de 8-10 horas de forma fácil y natural. Solo queremos puntualizar que en el ayuno se detecta una especie de rastro evolutivo, algo tan coherente con nuestra herencia genética que se puede realizar sin grandes esfuerzos.

Una reflexión final: haz que el esfuerzo valga la pena

En la actualidad, son muy numerosos los artículos científicos publicados que muestran los beneficios del ayuno en casos de diabetes tipo 2, obesidad, patología cardiovascular, hígado graso, etc. En el capítulo 7 explicaremos con detalle cómo aprovechar los beneficios del ayuno si padeces alguna de estas dolencias.

Sin embargo, el objetivo de este libro es ofrecer a todos los lectores una herramienta muy beneficiosa para la salud en todos los casos.

Queremos acompañarte para que, a través de la incorporación de los ayunos en tu vida, no solo prevengas enfermedades o mejores tu salud en caso de padecerlas, sino que, sea cual sea tu situación, generes los cambios que necesites para sentirte en plena forma y con capacidad para tomar las decisiones necesarias para ser feliz.

Te estamos planteando el reto personal de generar el contexto adecuado para expresar todo tu potencial ayudándote a que dejes de quejarte de malestar y falta de energía sin necesidad de contar calorías ni pesarte cada mañana. Queremos ayudarte a que vuelvas a ser una persona positiva y a mitigar tus preocupaciones.

Ejercicio

Tómate unos minutos para imaginar cómo sería la mejor versión de ti mismo. Descríbela en el espacio que encontrarás a continuación.

....

....

....

....

....

....

Ahora, escríbele una carta a tu yo de dentro de cinco años. Pídele consejo sobre cómo ha conseguido alcanzar esa versión de ti mismo mejorada.

....

....

....

....

....

....

Con la fuerza de esta imagen en mente, ha llegado el momento de incorporar el ayuno en tu vida para convertirla en realidad.

6

Efectos beneficiosos del ayuno

Estimado lector: estarás de acuerdo con nosotros en que el aumento de la esperanza de vida a nivel mundial no ha sido paralelo a la mejora de la calidad de vida en la edad avanzada. Los países desarrollados y en vías de desarrollo nos enfrentamos al desafío social y económico causado por la desproporción entre el aumento de la edad de la población y la carga de enfermedades crónicas que la afectan.

Existen en la actualidad muchísimas investigaciones centradas en el envejecimiento, por lo que sabemos que el estatus socioeconómico, la energía consumida, la calidad ambiental y la genética son los determinantes más poderosos de la salud y la longevidad.

Lamentablemente, la calidad ambiental y la genética no están bajo nuestro control directo; en cambio, la ingesta de energía sí lo está. El consumo de alimentos proporciona energía y nutrientes necesarios para sostener la vida y permite el crecimiento, la reparación y la reproducción. Y la lucha contra la desnutrición debe estar en todas las agendas políticas de los gobiernos, pues, según la Organización Mundial de la Salud, con la mitad de los recursos que invierte Estados Unidos en el tratamiento de la diabetes tipo 2, tendríamos suficiente para erradicar el hambre en el mundo.

No solo la desnutrición sino también la hipernutrición tienen el potencial de aumentar el riesgo de enfermedad crónica y muerte prematura. De hecho, actualmente ya hay más muertes asociadas a la hipernutrición que a la desnutrición.

No te preocupes, tenemos el remedio

Sabemos que tanto la reducción prolongada de la ingesta calórica diaria como los ciclos de ayuno periódicos tienen el poder de retrasar la aparición de la enfermedad y aumentar la longevidad.

Los datos de estudios experimentales [43] en especies de corta vida y las observaciones clínicas y epidemiológicas resultantes indican que las intervenciones dietéticas basadas en el ayuno intermitente son estrategias valiosas que pueden aplicarse para promover un envejecimiento saludable.

Por tanto, para llegar con la mejor salud posible a la tercera edad y para romper la paradoja de vivir en un mundo de abundancia lleno de carencias, es muy recomendable incorporar el ayuno en nuestras vidas. Por eso procedemos a explicarte algunos de los beneficios del ayuno.

43. Bonkowski MS, Sinclair DA. «Slowing ageing by design: the rise of NAD+ and sirtuin-activating compounds». *Nat Rev Mol Cell Biol*. 2016;17(11):679-690. doi:10.1038/nrm.2016.93

1. **Nos ayuda a sincronizar nuestro ritmo circadiano**: poco se habla de la importancia de los ritmos circadianos. El reloj circadiano es un mecanismo altamente conservado que permite a los organismos anticiparse y responder a los cambios ambientales. Los anticipa y prevé cuál es el mejor momento para realizar las diferentes funciones fisiológicas como comer, dormir o regenerarse. El ritmo circadiano y el ayuno se asocian para la generación de hambre y saciedad.

   El ayuno aumenta el hambre y el reloj circadiano interno también, pero lo aumenta independientemente de la ingesta de alimentos. Nuestro reloj sabe que durante el día debemos conseguir comida y nos será más fácil comer, así que estamos programados para que en ciertos momentos del día tengamos sensación de hambre.

   Cuando el hambre por ayuno y el hambre circadiana van sincronizadas, nuestras células saben perfectamente qué es lo que deben hacer, no hay mensajes contradictorios y destinan sus recursos a facilitar el uso de grasa como combustible principal, regenerarnos y disminuir los procesos inflamatorios.

   Por tanto, el ayuno intermitente nos sincroniza con nuestro reloj interno y el cuerpo responde a esto funcionando con todo su potencial, es decir, con más energía a lo largo del día, capacidad para digerir los nutrientes y de producir sustancias antienvejecimiento.[44]

---

44. Oyama, Yoshimasa et al. «Circadian MicroRNAs in Cardioprotection.» *Current pharmaceutical design* vol. 23,25 (2017): 3723-3730. doi:10.2174/13816128236661707 07165319

2. **Reduce la inflamación:** déjanos insistir un poco en la importancia que tiene el hecho de que mejores tus marcadores inflamatorios.

Como ya vimos anteriormente, los datos sobre la cantidad de personas que mueren al año por enfermedades relacionadas con la obesidad, nada más y nada menos que 3,2 millones, son escalofriantes. Y al menos uno de cada seis niños de entre 6 a 11 años es obeso.

¡Esto es una tragedia! ¿Y sabes cuál es el mecanismo subyacente que comparten estas enfermedades?

¡La inflamación! El asesino silencioso del que ya te hablamos al principio. Desde una perspectiva evolutiva, el ayuno es un fenómeno natural al cual los humanos nos hemos expuesto durante toda nuestra historia. Pero, en un abrir y cerrar de ojos, hemos pasado a un estilo de vida sedentario acompañado de un suministro continuo y abundante de alimentos.

Solo en los últimos cien años de la historia de la humanidad hemos vivido en abundancia. Sin embargo, nuestro cuerpo, que ha evolucionado durante miles de años bajo condiciones de extrema carencia, no está diseñado para vivir con este exceso de alimentos. Se cree que los mecanismos para sobrevivir a los períodos inevitables de ayuno no solo nos ayudaban a resistir hasta encontrar comida, sino que nos hacían más fuertes.

Sin embargo, en nuestra civilización, hemos diseñado alimentos que dan como resultado una gratificación instantánea y que alteran nuestros patrones de alimentación. Ingerimos alimentos altamente energéticos en cuanto tenemos sensación de hambre, negando a nuestro organismo los beneficios que proporcionan los períodos sin comer.

El ayuno intermitente ha demostrado que es un potente reductor de la inflamación. Y es tan eficiente como antiinflamatorio porque influye sobre muchos procesos simultáneamente:

- Directamente, activando mecanismos de reparación celular, pues, ante la falta de alimento, las células aumentan la fabricación de proteínas asociadas a la reparación.

- El tejido adiposo, la grasa (sobre todo, la que se acumula en las vísceras), produce en sí mismo sustancias que favorecen la inflamación. Por tanto, unos hábitos que lo reduzcan significativamente producirán un efecto antiinflamatorio.

- El hígado es productor de sustancias capaces de controlar la respuesta inmunitaria inflamatoria. Aportar momentos de descanso en sus funciones digestivas y de almacenamiento facilita que se pueda dedicar a la producción de estas sustancias.

- Estimular un metabolismo basado en la quema de grasa favorece una rama del sistema inmunitario conocida como th2 que, en su actividad, no produce inflamación sino reparación.

3. **Grandes beneficios para tu intestino:** el ayuno intermitente permite al intestino recuperarse después del proceso digestivo. Pero, atento, porque hay más y de esto casi no se habla. Te vamos a proporcionar una información que poca gente conoce: si hay algo que está de moda en estos momentos en patología digestiva, es lo que se conoce como el sobrecrecimiento bacteriano en el intestino delgado (SIBO). Se trata de un proceso en el que las bacterias de tu intestino grueso (la famosa flora intestinal) migran al intestino delgado. Esto es más problemático de lo que parece, porque en el intestino delgado las bacterias tienen un acceso mucho más directo a lo que comes. Con esa invasión de nuevas bacterias, estas roban el alimento digerido y lo fermentan, provocando muchos gases que, además, son muy difíciles de eliminar.[45]

Los síntomas más habituales del SIBO son:

- Hinchazón abdominal.

- Flatulencias.

- Esteatorrea (heces grasientas que manchan).

---

45. Quigley, Eamonn M M. «The Spectrum of Small Intestinal Bacterial Overgrowth (SIBO).» *Current gastroenterology reports* vol. 21,1 3. 15 Jan. 2019, doi:10.1007/s11894-019-0671-z

- Diarrea.

- Malestar digestivo.

- Pérdida de peso.

- Mala absorción de micronutrientes (en casos más avanzados).

¿Cuántas personas conoces que sufren de hinchazón abdominal o tienen problemas a la hora de ir al baño o alguna otra molestia digestiva? Es posible que estén sufriendo un sobrecrecimiento bacteriano.

Pero, ¿qué tiene que ver con esto el ayuno intermitente?

El intestino tiene dos tipos de movimientos. En primer lugar, el conocido como peristaltismo, que empuja el bolo alimenticio a través del tubo digestivo. Pero también existe otro tipo de contracción intestinal que ocurre cuando dejamos de comer, cuya función es eliminar los restos de comida que han quedado tras la digestión. Digamos que limpia y saca la basura. Es lo que se conoce como el complejo migratorio motor. [46]

---

46. Pimentel M, Soffer EE, Chow EJ, Kong Y, Lin HC. «Lower frequency of MMC is found in IBS subjects with abnormal lactulose breath test, suggesting bacterial overgrowth». *Dig Dis Sci.* 2002;47(12):2639-2643. doi:10.1023/a:1021039032413

Si dejamos basura acumulada en casa durante mucho tiempo, pueden aparecer insectos. Lo mismo puede ocurrir en nuestro intestino, en forma de bacterias. Se especula muchísimo sobre las diferentes causas que llevan a una alteración de este mecanismo de eliminación de desechos, pero hay una evidente: si estás todo el día comiendo, no le das tiempo a tu intestino a tirar la basura.

Cuando realizas el ayuno intermitente, tienes un beneficio extra excepcional: permites a tus mecanismos de limpieza intestinal que lo dejen todo impecable y que las bacterias se queden allí donde son beneficiosas y no nos perjudican: en el intestino grueso.[47]

4. **Mejoras en la diversidad y calidad de tu microbiota: «No solo ayunas tú, también ayunan tus bacterias».** Seguro que has oído hablar de la flora intestinal y su papel en el organismo, así como de los beneficios de la suplementación con probióticos. Pues bien, el ayuno también tiene un efecto que te va a sorprender.

El ser humano convive con múltiples microorganismos asociados a salud y enfermedad. En conjunto, lo vamos a denominar como «microbiota intestinal», que, en estos momentos, se considera el gran órgano olvidado a pesar de que posee la misma actividad metabólica que el hígado.

---

47. Deloose, Eveline *et al*. «The migrating motor complex: control mechanisms and its role in health and disease.» Nature reviews. *Gastroenterology & hepatology* vol. 9,5 271-85. 27 Mar. 2012, doi:10.1038/nrgastro.2012.57

Como los microorganismos son seres vivos, ellos
también se han adaptado a que haya momentos en que
llega comida y momentos en que no. Si constantemente les damos de comer, provocaremos que crezcan más
un solo tipo de bacterias y que no se expresen otras que
sobreviven mejor durante el ayuno. Sentimos comuni-
carte que justamente las bacterias que sobreviven bien
con el ayuno son, hoy por hoy, las que más se asocian
con microbiomas saludables.

En concreto, la *Akkermansia muciniphila* y el *Faecalibacterium prausnitzii* son las dos bacterias más conoci-
das y, aunque la salud depende de múltiples variables, se
ha descubierto que, cuanto mayor es su número, menos
patologías padecemos.[48]

Otro factor muy relevante es que, en un contexto en
el que existen tan altos niveles de contaminación y también tanta comida disponible, nuestro intestino está re-
cubierto por una mucosidad que es como una especie
de red que protege el epitelio intestinal, pero resulta que
ahí es donde se va acumulado toda la basura. Imagínate
un filtro que está lleno de residuos y de vez en cuando
hay que limpiarlo.

---

48. Remely, Marlene *et al.* «Increased gut microbiota diversity and abundance of
Faecalibacterium prausnitzii and Akkermansia after fasting: a pilot study.» *Wiener
klinische Wochenschrift* vol. 127,9-10 (2015): 394-8. doi:10.1007/s00508-015-0755-1

¿Cómo se limpia nuestro filtro?

Ayunando. Se da la circunstancia de que las bacterias, cuando perciben que no llega alimento, degradan esa mucosidad y, además, se alimentan de ella. La gran maravilla es que, cuando se comen el moco, producen ácidos grasos de cadena corta que son la energía para que nuestras células fabriquen nuevas mucosidades. De ese modo, cuando estás ayunando, el filtro se limpia para no tener que estar en contacto con esa suciedad constantemente. Esta función «limpiadora» en sí misma es una razón suficiente para incorporar el ayuno a tu vida.

5. **La regeneración y el envejecimiento:** la brusca y momentánea deficiencia de calorías que ocurre durante el ayuno induce a que la célula degrade aquellos componentes que no están funcionando bien para obtener energía y los renueve.

    Esto se consigue principalmente por cuatro causas:

    - **La producción de cuerpos cetónicos** que inducen la reparación del ADN y la producción de factores de crecimiento neuronal como BDNF (*Brain Derived Neurotrophic Factor* o Factor Neurotrófico Derivado del Cerebro).

    - **La actividad de NRF2** *(Nuclear Factor Erythroid 2-Related Factor 2* o Factor Nuclear Derivado del

Eritroide 2 Como 2), un factor que se activa con el ayuno y que induce la desintoxicación y la producción de antioxidantes.

- **La actividad de las sirtuinas,** unas enzimas que aumentan, entre otras cosas, el número de mitocondrias celulares y nos hacen más eficientes generando energía.

- **La influencia sobre el sistema inmunitario:** el sistema inmunitario puede activar su rama de ataque ante un patógeno (conocida como TH1 o linfocito T Helper) o su rama de dirección de los procesos de reparación (TH2 o helmintos). Cada una de estas respuestas requiere de un tipo de metabolismo determinado. El TH1 necesita una respuesta intensa, rápida, corta y potente, por lo que usa principalmente la glucólisis anaeróbica (como cuando hacemos un *sprint*). El TH2, en cambio, necesita un trabajo más lento y un aporte constante de energía. Esto lo consigue usando la grasa como combustible.

Así pues, como el ayuno facilita el consumo de grasa como combustible principal, estamos generando el contexto adecuado para que nuestro sistema inmune esté en modo reparación.

Suena bien, ¿no es cierto? Además, es un gran ejemplo de cómo la intervención nutricional puede favorecer al sistema inmune.

¿Cómo en concreto? Siempre para mejor

La flexibilidad metabólica llega tan lejos que incluso la respuesta de las defensas del sistema inmunitario viene condicionada por el tipo de energía que utilicemos:

• Cuando utilizamos glucosa o azúcar, el sistema inmunitario tiende a responder de forma exagerada ante los peligros del día a día, provocando inflamación.

• Por contra, cuando utiliza la grasa, tiende a estar activo pero no reactivo, está predispuesto a actuar desde la tranquilidad, sin producir tanta inflamación.

Por ello, recuperar la flexibilidad metabólica permite a las defensas generar siempre la respuesta más necesaria. Es decir, si tiene que luchar contra un virus, lo hará, porque será capaz de quemar glucosa.[49] Pero si tu cuerpo necesita reposo después de una lesión, una torcedura de tobillo, por ejemplo, a fin de evitar que la inflamación sea extrema y esté controlada para una rápida recuperación, necesitará quemar grasa. El ayuno contribuye a que el organismo aumente su capacidad de utilizar el recurso energético que necesita en cada momento.

---

49. Anton, Stephen D *et al.* «Flipping the Metabolic Switch: Understanding and Applying the Health Benefits of Fasting.» *Obesity* (Silver Spring, Md.) vol. 26,2 (2018): 254-268. doi:10.1002/oby.22065

Si el cuerpo no es capaz de consumir grasa significa que no está funcionando bien. Por eso la flexibilidad metabólica es un claro marcador de la salud.

El ayuno intermitente permite beneficiarse de estas y otras ventajas de una forma sencilla. En los siguientes capítulos te explicaremos cómo poner en práctica el ayuno, describiremos los tipos de franjas horarias que puedes escoger y desmontaremos los falsos mitos que se han contado al respecto hasta ahora. El protocolo es muy fácil. ¡Y puede cambiar tu vida!

7

¿Cuál es la dosis óptima de ayuno para cada situación específica?

Con lo que llevamos explicado hasta ahora, estarás de acuerdo en que el ayuno es una práctica barata, sin efectos secundarios y, al mismo tiempo, con muchos beneficios, de forma que muy posiblemente desees empezar ya. Sin embargo, tiene una debilidad de la que pocos hablan: la dosis óptima.

Existen muchísimos tipos de ayuno (12/12, 16/8, días alternos, ayunos largos… Los detallamos en el capítulo 8) y, ante tantas opciones, es normal que te preguntes cómo debes hacerlo.

La respuesta es: depende.

¿De qué depende? Pues, como dice la canción de Jarabe de Palo, según cómo se mire, todo depende.

¿Cuántas horas de ayuno necesito para bajar de peso?

Si hay algo que parece de sentido común, es el hecho de que nuestro cuerpo entiende que el mejor momento para usar sus reservas es cuando no entra alimento. De hecho, así funciona.

Como ya hemos comentado, sorprendentemente, las recomendaciones para la pérdida de peso de los últimos veinte años no han ido por aquí, sino todo lo contrario: se han basado principalmente en reducir el número de calorías y comer varias veces al día.

Aunque este tipo de intervención puede ser eficaz a corto plazo a la hora de perder peso, a medio plazo muestra un estancamiento inexorable y un efecto «rebote»: la posterior recuperación del peso perdido. Esta implacable recuperación se produce a pesar del cumplimiento estricto y continuado de la pauta dietética e independientemente de la estrategia nutricional que se siga.

Tal como muestra un estudio titulado «Medicare's Search for Effective Obesity Treatments: Diets Are Not the Answer» (Investigación de Medicare sobre tratamientos efectivos para la obesidad: las dietas no son la respuesta),[50] a los cinco años de hacer una dieta, casi el 60% de las personas han recuperado su peso y el 40% tienen más peso que antes.

---

50. Mann, Traci *et al.* «Medicare's search for effective obesity treatments: diets are not the answer.» *The American psychologist* vol. 62,3 (2007): 220-33. doi:10.1037/0003-066X.62.3.220

En definitiva, hay dos hechos claros:

#1: Durante los últimos veinte años, la recomendación habitual para perder peso ha sido comer menos y hacer más ejercicio, algo que, como ya vimos, no acaba de funcionar.

#2: Durante los últimos veinte años, la tasa de obesidad se ha disparado.

Con el tiempo, hemos ido aprendiendo más acerca de las causas que se encuentran detrás de la obesidad, que, de manera resumida, serían:

1. **Productos procesados que nos hacen comer más de lo que necesitamos:** la industria alimentaria diseña los productos para que el cuerpo quiera consumirlos aunque no necesite las calorías en ese momento.

2. **Exceso de carbohidratos de mala calidad:** asociado al primer punto, un exceso de carbohidratos hace que las células se saturen por la excesiva ingesta de azúcar. Literalmente, se sienten demasiado llenas y cierran sus compuertas a la entrada de glucosa (o sea, deciden ayunar hasta vaciar sus despensas). Esto hace que el excedente de comida se dirija con mayor facilidad hacia las reservas de grasa y que aumenten los niveles de insulina para forzar a las células a absorber el azúcar. El problema es que la insulina, además, impide que usemos la grasa como combustible. Así que

vamos llenando los depósitos de grasa y no podemos utilizarlos.

3. **Contexto inflamatorio:** los alimentos no saludables, la polución, el estrés, la falta de movimiento o la ausencia de luz solar son algunas de las causas que llevan al cuerpo a producir inflamación. La inflamación dificulta la función de la insulina y otras hormonas relevantes como la leptina, que resultan claves en los procesos de obesidad.

¿Y qué tiene que ver el ayuno con todo esto? Que cuando dejo de comer y de confundir a mi cerebro con productos procesados, mis niveles de insulina bajan y genero un contexto que favorece que mi cuerpo utilice sus reservas de grasas para funcionar.

¿Qué dosis es la más efectiva para conseguir estos resultados?

Varios estudios en humanos han demostrado que, simplemente ingerir alimentos durante una ventana de unas 10 horas [51] sin ninguna prescripción dietética, ya genera una pérdida de peso significativa que se mantiene al cabo del

---

51. Gill, Shubhroz, and Satchidananda Panda. «A Smartphone App Reveals Erratic Diurnal Eating Patterns in Humans that Can Be Modulated for Health Benefits.» *Cell metabolism* vol. 22,5 (2015): 789-98. doi:10.1016/j.cmet.2015.09.005

año si se sigue con la intervención. Y no solo eso, sino que los participantes de estos estudios, además, tenían más energía a lo largo del día, descansaban mejor y sentían menos hambre por la noche. Por tanto una ventana de 14/10 ya parece ser efectiva para perder peso.

Por supuesto, siempre y cuando te sientas cómodo y capaz, alargar la ventana de ayuno acelerará los resultados.

Recuerda el estudio en el que los participantes realizaban ayuno en días alternos, pudiendo comer a voluntad el resto del tiempo. En los días de ayuno no podían comer nada. Se les hizo un seguimiento de sus niveles de glucosa para verificar que estaban realizando el programa correctamente. Los resultados fueron los esperados: reducción de grasa y mejora del ratio grasa/músculo y de los marcadores cardiovasculares.

El número de participantes que siguieron el programa correctamente fue muy alto. Noventa personas lo realizaron durante un mes y solo dos fallaron. Además, treinta personas siguieron realizándolo durante seis meses más. Este nivel de adherencia o constancia ante un programa dietético es muy poco frecuente.

Si tu objetivo es perder peso, esta sería la pauta a seguir:

Dosis mínima efectiva: 10 horas de ventana de ingesta (en la que está permitido comer) y 14 de ayuno.

Dosis máxima: ayuno a días alternos.

Frecuencia: diaria.

¿Cuántas horas de ayuno necesito para restablecer mi salud metabólica: resistencia a la insulina, diabetes tipo 2 e hígado graso?

Si padeces alguno de estos trastornos, tu organismo lleva mucho tiempo expuesto a las agresiones que ya hemos comentado. Las células de los órganos viscerales, principalmente del hígado, están llenas de grasa y el cuerpo lleva tanto tiempo sin consumirla que costará convencerlo para que vuelva a hacerlo.

El objetivo en esta situación va más allá de perder peso. Nuestra fisiología ha empezado a fallar: las mitocondrias y otros orgánulos celulares empiezan a desajustarse, nuestro ADN puede haber sufrido algún tipo de daño y podría cometer pequeños errores en la fabricación de proteínas o cambiar ligeramente los patrones de expresión genética.

Para mejorar, no solo necesitamos ayudar a nuestro cuerpo a que movilice las reservas de nuevo, sino que también tenemos que regenerar las células de nuestros órganos y vaciarlas de la grasa que han ido acumulando.

Autofagia

El principal mecanismo de recuperación celular es la autofagia. Como ya vimos, este es un proceso de reciclaje celular en el que la propia célula digiere sus partes dañadas para obtener energía o fabricar de nuevo estos fragmentos celulares. La autofagia incluso digiere fragmentos inservibles de ADN que están impidiendo la expresión adecuada de los genes.

En definitiva, es un proceso evolutivo altamente conservado que activa las células para protegerse de un ataque, aprender de él y mejorar. Sin lugar a dudas, la forma más natural de inducir la autofagia (proceso que se encontraba ya en la levadura o los animales primitivos) es la privación de nutrientes: el ayuno.

Una célula a la que no le llega suministro energético destruirá sus reservas bioenergéticas (es decir, macromoléculas, proteínas, lípidos y ácidos ribonucleicos) para generar energía. En otras palabras, la falta de energía de una célula es la que la activa para mejorar, pero a su vez, la cantidad de ayuno que necesitamos para activar la autofagia es una de las grandes incógnitas.

La clave con todo esto es que, por supuesto, la distribución energética en los organismos está altamente jerarquizada. Como ya explicamos, cuánto más importante para la supervivencia sea un sistema, más tardará en ser sensible a la falta de nutrientes.

En la situación en la que nos encontramos, donde el hígado es uno de los grandes afectados, podemos guiarnos por los siguientes datos:

1. Las reservas de glucosa hepática duran al menos 15 horas.

2. El hígado es uno de los grandes controladores de nuestro estado energético y del tipo de fuente de energía que es más coherente usar en cada momento.

3. Dada su exposición a sustancias nocivas y su papel en la desintoxicación, el hígado debe repararse constantemente.

Todo esto nos lleva a extrapolar, junto a algunos datos preliminares, que el tiempo de inducción de la autofagia en este órgano sería:[52]

Dosis mínima efectiva: ayuno 16/8 (16 horas de ayuno / 8 horas de ventana de ingestas).

Dosis máxima: ayuno a días alternos.

Frecuencia: diaria.

¿Cuántas horas de ayuno debo hacer para reducir la inflamación, prevenir las patologías neurodegenerativas y mejorar la calidad del envejecimiento?

Se ha comprobado que la autofagia disminuye también la inflamación, estimula la regeneración del sistema nervioso y la liberación de factores de crecimiento neuronales y se asocia a un aumento de la esperanza y la calidad de vida.[53]

52. Sachdeva, Uma M, and Craig B Thompson. «Diurnal rhythms of autophagy: implications for cell biology and human disease.» *Autophagy* vol. 4,5 (2008): 581-9. doi:10.4161/auto.6141

53. Saha S, Panigrahi DP, Patil S, Bhutia SK. «Autophagy in health and disease: A comprehensive review». *Biomed Pharmacother*. 2018;104:485-495. doi:10.1016/j. biopha.2018.05.007

En esta situación, nos encontramos ante sistemas que están priorizados a nivel energético y que, por tanto, para que lleguen a estar en déficit, debemos «estresar al cuerpo» un poquito más.

Aunque no existen todavía estudios concluyentes, de estudios en ratones se podría deducir que las primeras señales de autofagia en células inmunitarias aparecerían entre tres y cinco días después de empezar a ayunar.[54]

Tanto los ayunos más prolongados de tres días, como dietas que simulan un ayuno de cinco días de duración, también han encontrado efectos muy importantes sobre el sistema inmunitario y requieren una intervención concreta.

Por ello, en el capítulo final, el 12, te enseñaremos paso a paso cómo llevar a cabo la *Fasting Mimicking Diet*, traducida como Dieta que Mimetiza el Ayuno, durante cinco días. Hemos puesto ahí el límite porque, por los datos que se poseen hasta la fecha, parece ser el momento en que ya hemos obtenido todos los efectos deseados, no supone un desgaste corporal elevado y es relativamente fácil de realizar.

En conclusión, para generar cambios potentes a nivel sistémico que afecten a los órganos más relevantes de nuestro cuerpo, necesitamos dosis mayores de ayuno.

---

54. Pietrocola, Federico *et al.* «Metabolic effects of fasting on human and mouse blood in vivo.» *Autophagy* vol. 13,3 (2017): 567-578. doi:10.1080/15548627.2016.1271513

Dosis mínima efectiva: 3 días de ayuno.

Dosis máxima: 5 días de ayuno.

Frecuencia: una vez cada 2-3 meses.

Llegados a este punto, podemos por fin responder a la gran pregunta: ¿Cuántas horas de ayuno necesito hacer? La respuesta, como has aprendido, viene marcada por tu objetivo.

En el capítulo siguiente te explicamos los diferentes tipos de ayuno descritos por la literatura, aunque debes recordar que lo más importante es alcanzar la capacidad de ayunar de forma progresiva y natural.

8

Tipos de ayuno intermitente

Hasta ahora hemos hablado de los beneficios que obtendrás haciendo ayuno: más energía, mayor capacidad de quemar grasa, regeneración celular, regulación del hambre y la saciedad y, cómo no, recuperar el placer de comer con hambre real. Ahora, además, aprenderemos a superar la incoherencia que supone que no podamos aguantar dos o tres horas sin comer.

A continuación te explicamos las diferentes versiones de ayuno intermitente y nuestras recomendaciones para llevarlas a cabo. Si ya has ido incorporando los diferentes pasos que te proponemos en nuestro protocolo de ayuno del capítulo 11, experimentar con estas diferentes variantes de ayuno será muy fácil para ti.

Realizar el ayuno 12/12 (12 horas de ayuno y 12 de ventana de ingestas) te resultará muy fácil. Incorporar el ayuno 16/8 (16 horas de ayuno y 8 de ventana de ingesta) a tu día a día te costará muy poco esfuerzo. Para el *One Meal a Day* (OMAD, comer una sola vez al día) deberás darte un poco más de tiempo, esperar hasta que hayas ganado flexibilidad metabólica. Aunque en breve podrás experimentarlo sin mayor dificultad.

El ayuno de tres días o la *Fasting Mimicking Diet* (FMD) de cinco días son, en cambio, estrategias que podemos llevar a cabo de vez en cuando, quizá cada dos o tres meses, pero no son necesarias si no hay un objetivo concreto.

Ayuno 12/12 o *Time Restricted Feeding*

Vamos a contarte un secreto que creemos que te alegrará: tú ya practicas un ayuno intermitente. Como dijo Mark Twain: «Dejar de fumar es fácil, yo lo hecho más de cien veces». Con el comer pasa lo mismo: cada vez que dejas de comer, estás ayunando... Intermitentemente.

Salvo que nos levantemos por la noche a saquear la nevera, todos practicamos un ayuno intermitente. Lo llamamos dormir. Pero hay un problema: parece ser que, para obtener beneficios, la ventana de ayuno tiene que ser al menos de entre 10 y 12 horas y hacer coincidir la ingesta lo más posible con la luz solar. Es tan fácil como desayunar un poco más tarde y cenar un poco más pronto.

Parece extraordinario que se puedan obtener tantos beneficios con una intervención tan somera, ¿verdad? Pero no lo es cuando entendemos que, simplemente, es hacer lo que tu organismo espera de ti. Ya te hemos explicado que el cuerpo no está preparado para pasarse el día digiriendo y mucho menos espera que comas por la noche. Que hayamos traspasado la frontera de las 12 horas de luz para comer es algo tan nuevo que nuestra fisiología no lo comprende. Simplemente ayunando de 10 a 12 horas, obtendrás grandes resultados.

Ayuno 16/8

Este tipo de ayuno intermitente es una evolución del anterior. Se trata de pasar, de las 24 horas del día, 16 en ayunas y concentrar tus ingestas en las 8 horas restantes. Es una opción también bastante fácil, pero alcanza un extra de estrés de baja intensidad que moviliza las consecuencias propias del ayuno intermitente con celeridad.

- Estimulación de Sirt-3 (la proteína de la juventud).

- Liberación de factores neurotróficos (mejora la función cognitiva).

- Aumenta el consumo de grasa corporal.

- Estimula mecanismos regenerativos.

Nuestras reservas de glucógeno corporal tienen una duración de entre 12 y 15 horas. Si deseas recuperar tu capacidad de movilizar grasas, deberás extenderte más allá de las 12 a 15 horas para conseguirlo. Este tipo de ayuno intermitente es también practicado por personas que quieren ganar masa muscular. Para ganar músculo (un tejido muy caro de mantener), necesitamos comer muchas calorías y asegurarnos de que estas calorías se usan para fabricar músculo. Para ello hay que entrenar con el estómago vacío y comer alimentos calóricos después del entrenamiento. Hugh Jackman utilizó este método para convertirse en el increíble Lobezno de la película de Marvel, comiendo de las 10 a las 18 horas. Y a la vista está que no le fue nada mal.

One Meal a Day (OMAD)

Este método debe practicarse uno o dos días a la semana en los que se concentran todos los alimentos en una sola ingesta. Es una intervención muy popular por su simplicidad, por la cantidad de tiempo que libera (solo comes una vez) y porque, si bien es un poco más exigente que las anteriores, siempre ves el final cerca y sigue siendo fácil llevarla a cabo.

La comida que elijas realizar depende de tus propios gustos: hay gente que prefiere desayunar y no comer nada hasta el siguiente desayuno. Otros, en cambio, prefieren cenar pronto, pues les ayuda a tener un sueño más confortable.

Ayuno de tres días

Esta intervención, algo más intensa, se recomienda únicamente a las personas que tienen un objetivo concreto. Busca una regeneración celular global (a más días sin comer, más autofagia) y un efecto de reciclaje del sistema inmunitario.

Como te comentábamos, este tipo de intervención se realiza en el ámbito de la terapia y no es necesaria si estás bien de salud.

FASTING MIMICKING DIET (FMD) o dieta que simula el ayuno

Es una alternativa para aquellos a quienes les cuesta realizar ayunos prolongados o que tienen dificultades para dejar de comer. En vez de ayunar completamente durante un periodo corto (48-72 horas), la FMD propone comer muy poco durante un período de entre 4 y 5 días.

La clave del éxito de esta intervención está en consumir pocas proteínas (carne, pescado, marisco y huevos), una cantidad moderada de carbohidratos de baja densidad (fruta, verdura y tubérculos) y bastantes grasas (aceite de oliva, aguacate, pescado azul…).

Empieza con un día de transición durante el cual hay que ingerir aproximadamente entre 1.100 y 1.200 calorías, repartidas de la siguiente forma:

- 10 % de proteína.
- 56 % de grasa.
- 34 % de carbohidratos.

Durante los 3 o 4 días siguientes, hay que ingerir solamente entre 700 y 800 calorías, repartidas de la siguiente manera:

- 9 % de proteína.
- 44 % de grasa.
- 47 % de carbohidratos.

Elegir la mejor opción

Para elegir tu mejor opción, te proponemos que las practiques a fin de comprobar cuál te da mejores resultados. Muchas personas tienen suficiente con el *Time Restricted Feeding*, mientras que otras notan una gran ganancia de energía comiendo solo una vez al día. Si tienes un objetivo determinado, puedes volver a las recomendaciones que te hemos ofrecido en el capítulo anterior.

Sin embargo, una vez aprendidas las diferentes variantes, ¡nuestra sugerencia es que las olvides! Olvida todo lo que te hemos explicado hasta el momento porque nuestro objetivo es conseguir que ayunes de forma natural, sin métodos estrictos ni contar las horas, simplemente dejándote guiar por el hambre real y empezando a vivir sin que la comida sea lo más importante para ti, como cuando eras un niño y preferías seguir jugando en el parque aunque fuera la hora de comer.

Tipo de ayuno	Tiempo de ayuno	Efectos (Resumen de efectos)
TRF	12 horas	Prevención de la obesidad, prevención de desórdenes digestivos regulación de los ritmos circadianos, mejora la flexibilidad metabólica.
16/8	16 horas	Protege de la obesidad, la diabetes tipo 2 el estrés oxidativo y la esteatosis hepática.
OMAD	23 horas	Protege de la obesidad, la diabetes tipo 2 el estrés oxidativo y la esteatosis hepática, estimula la regeneración celular.
Ayuno prolongado	De 3 a 5 días	Protección contra el cáncer y la diabetes, mejora factores de riesgo asociados con múltiples enfermedades relacionadas con la edad.

¿Cómo vas a recuperar esa sensación? Aquí tienes un anticipo del protocolo detallado que encontrarás en el capítulo 11

- Empieza comiendo comida real y evita productos comestibles diseñados para generar hambre aunque no necesites comer (alimentos procesados).

- Guíate por el hambre, come cuando tengas hambre y, entonces, sáciate.

- Aproxima tu actividad a las horas de luz, vive de día y descansa de noche.

- Haz deporte con el estómago vacío (el deporte alimenta a tu cerebro tanto como la comida).

- Y, por último, trasciende las convenciones sociales de que hay que comer aunque no tengas hambre y verás que el ayuno intermitente llega solo.

¡Seguro que estás deseando ponerte ya manos a la obra! Pero espera, que aún te vamos a dar más motivos, ¡sigue leyendo!

9

Falsos mitos

Vamos a encargarnos de desmentir unos cuantos mitos que no hacen más que confundir o engañar, difundidos desde la ignorancia y obviando los innegables descubrimientos científicos que hemos ido enumerando hasta ahora.

1. **«El ayuno intermitente genera desnutrición».** Imposible. Es ayuno intermitente, es decir que durante la ventana de horas que escojas para comer, podrás ingerir la cantidad que desees de alimentos que, por descontado, evitarán que pases hambre y harán que normalices tu peso corporal.

2. **«El ayuno te hace perder músculo».** Si nuestro principal recurso para conseguir alimento ha sido el movimiento, ¿crees que hemos llegado hasta aquí perdiendo por el camino la herramienta que más nos ayuda a sobrevivir, la que nos permite conseguir la comida?

¿De dónde viene este mito, por qué se instauró y cómo se suprime? En la situación en la que nos encontramos en la actualidad, nuestro cuerpo está tan acostumbrado a utilizar la glucosa como sustrato energético que, cuando le falta, no le queda más remedio que degradar músculo para fabricarla, utilizando un mecanismo que es conocido como gluconeogénesis. Esto se debe al hecho de que hemos perdido la capacidad de movilizar nuestras grasas ante la falta de alimento en vez de utilizar glucosa. Por lo tanto, necesitamos recuperar la flexibilidad metabólica, esa capacidad de usar el sustrato energético que más necesitamos en cada momento, de manera que, si no llega glucosa, quememos grasa sin ningún problema. De este modo, el cuerpo no degrada músculo.

Tal vez suceda que, durante el ayuno, tu masa muscular se degrade ligeramente, al igual que ocurre durante la actividad física. Esto se compensa comiendo después de ayunar. La ingesta post-ayuno o *refeed* es tan importante como el ayuno. Cuando un tejido se degrada, las células vuelven a fabricarlo en forma mejorada, sobrecompensando, así que el cómputo final es que acabas ganando músculo, siempre y cuando la alimentación sea adecuada.

A la sobrecompensación, con el tiempo, hay que añadir que, tu cuerpo, con cada ayuno, se hace más eficiente, dejando de recurrir a la degradación muscular para sustituirla por el consumo de grasa corporal para producir energía, llegando a un punto en el que prácticamente el músculo no se ve afectado. En el deporte de larga distancia, donde la exigencia energética es extrema y hay una combustión calórica muy importante, tu cuerpo buscará movilizar hasta la última gota de grasa corporal existente con cada paso y, por tanto, ajustará su peso a esta situación.[55]

3. **«El ayuno genera ansiedad y hace que comas más»**. De nuevo, esta creencia está relacionada con las convenciones culturales y sociales, de las que nuestra herencia genética se encuentra muy alejada. Al haber perdido la capacidad de movilizar nuestras reservas de grasa corporal para obtener energía, cuando empezamos a ayunar es normal que el cuerpo entre en alerta y aparezca la ansiedad. Su interpretación es la siguiente: «tengo un sistema inmunitario inflamado y me está pidiendo energía, tengo un aparato digestivo al que están agrediendo constantemente y me pide que lo repare, y ahora no me llega comida, no tengo energía ni soy capaz de movilizar mis reservas».

Tu cerebro ha olvidado que la función de la grasa corporal es aportar esa energía. Pero, ¿por qué ocurre? Llevamos tanto tiempo comiendo muchas veces al día que se produce un mecanismo llamado «memoria celular».[56] Significa que las células se han acostumbrado a

---

55. **Advertencia:** Esta estrategia no es adecuada para las personas delgadas a las que les cuesta ganar peso y quieren ganar masa muscular.

56. Mobbs CV. Glucose-Induced Transcriptional Hysteresis: Role in Obesity, Metabolic Memory, Diabetes, and Aging. *Front Endocrinol* (Lausanne). 2018;9:232. Published 2018 May 28. doi:10.3389/fendo.2018.00232

utilizar solamente glucosa para obtener energía y han «olvidado» cómo quemar las grasas, por lo que cuesta mucho convencerlas para que lo hagan. Conocer este mecanismo nos ha permitido diseñar el camino para recuperar tu capacidad celular de quemar grasa desde la máxima tranquilidad. Encontrarás la descripción en el capítulo 11.

Es importante tener en cuenta que la ansiedad, el nerviosismo y la preocupación no facilitan la incorporación de cambios en nuestro estilo de vida, por eso no somos partidarios de que inicies un ayuno desde la rigidez metabólica y con marcadores inflamatorios. Muchos pacientes llegan a nuestras consultas diciendo: «el ayuno no es para mí, es insoportable». Con sentido común se puede hacer el cambio desde el conocimiento y la tranquilidad, sin empezar la casa por el tejado.

Si te ocurre esto, lee el protocolo del capítulo 11 con atención. Pronto verás que, después del ayuno, empezarás a comer sin ansiedad y con un hambre real. Tu apetito hará que disfrutes de verduras, pescados, carnes, patatas o aguacates como si fuera una fiesta, como nunca antes lo habías hecho.

No tendrás suficiente con picar simplemente un sándwich. Necesitarás un ambiente de abundantes alimentos sanos, aquellos que prefiere nuestro cerebro, de modo que disfrutarás comiendo hasta saciarte de esa comida real que te va a satisfacer y con la que vas a gozar.

No debe preocuparte que, al principio del proceso de ayuno, tengas más apetito del habitual y seas capaz de comer raciones que hasta ahora nunca habías podido ingerir de una sola vez. Probablemente, las personas que te rodean se asombren al verte. Incluso puede ocurrir que el camarero del restaurante te advierta de que «estás pidiendo demasiada comida». Tendrás que decirle que no se preocupe, que tú tienes la capacidad de comer toda esa comida. Tu ritmo de hambre-saciedad se va a normalizar. Y si comes hasta saciarte con buen apetito significa que estás en el camino correcto.

4. **«Engordas comiendo libremente durante las horas que no ayunas».** Si comes alimentos saludables y no productos procesados, si sigues nuestros consejos nutricionales, incluso comiendo hasta saciarte, en el cómputo global de consumo calórico diario verás que tiendes a consumir menos calorías que comiendo cinco veces al día. Sí, créenos, acabas comiendo menos de lo que comerías en cinco veces pero, además, ingieres menos calorías porque te alejarás de los alimentos densos calóricamente.

Si llenas el estómago con productos procesados (densos en calorías y pobres en nutrientes), te llegará mucha energía y poco alimento, lo cual provocará un excedente calórico, además de inflamación y una más que posible hipoglucemia.

Por el contrario, comiendo los alimentos correctos, podrás generar un proceso natural de saciedad que no va a dar lugar a que tengas hambre otra vez hasta que hayan pasado entre 6 y 8 horas. Es posible que algún día decidas, de forma natural, que no te apetece volver a comer porque no sientes hambre y que puedes esperar al día siguiente. Reconocerás la sensación de necesidad de comer o no comer, lo cual es un gran indicador de flexibilidad metabólica y salud.

5. **«El ayuno puede producir falta de nutrientes».** Si hay un sistema corporal que agradece que haya momentos de trabajar y momentos de descansar, es el aparato digestivo. Para este, la llegada de comida supone estrés, ya que tiene que coordinar muchísimas tareas a la vez: los movimientos del estómago, la producción de enzimas, la producción de bilis, que todo se digiera, que no entre nada tóxico...

Después de ese esfuerzo, necesita tiempo para recuperarse. Al generar ese espacio y permitir que llegue la señal de hambre (que significa que ya está preparado para digerir de nuevo y, por lo tanto, para absorber), consigues aprovechar mucho más aquello que consumes. No solo no va a haber déficit de nutrientes en tu organismo, sino todo lo contrario: le sacarás partido a lo que comas con mayor facilidad.

6. **«Me voy a desmayar si hago deporte en ayunas».** Mucha gente teme padecer hipoglucemia, una bajada de los niveles de azúcar. Habitualmente, la mayoría de la gente desayuna un vaso de leche con magdalenas y acude al gimnasio a las dos horas. En esa situación sí que puede aparecer la hipoglucemia, precisamente por lo

que se ha comido, que, después de ser procesado, a las dos horas, produce una bajada de azúcar. Este tipo de alimentación es la responsable de estos desajustes energéticos que pueden asustarnos.

Paradójicamente, si nos levantamos por la mañana y empezamos a movernos sin haber comido, eso no va a ocurrir. El entrenamiento te permitirá recuperar la capacidad de moverte en modo «busca de comida», demostrándole a tu cuerpo que puede usar sus reservas de grasa. En el protocolo del capítulo 11 te enseñaremos a conseguirlo sin riesgos, con la máxima tranquilidad y de forma placentera. Después de solo cinco entrenamientos, podrás ejercitarte del mismo modo que lo hacías antes, pero ahora en ayunas. Además, podrás comprobar que tu rendimiento mejora.

7. **«Si no desayuno, me voy a morir».** Aunque no hagas deporte, es posible que creas que si no comes nada hasta el almuerzo, te faltará energía e irás arrastrándote como un alma en pena. No es así. Si continúas en ayunas, tu cuerpo entiende que tiene que movilizar reservas, en cambio, si comes poco o ingieres azúcar, tu cuerpo utiliza esa energía y es posible que entonces sí que tengas carencias y te desmayes. En definitiva, con el ayuno permites que tu cuerpo utilice sus reservas de grasa; cada vez que comes, consumes esa energía superflua para funcionar.

Si te fijas, en la palabra «desayuno» se da por hecho que hasta ese momento has estado ayunando, por eso se llama «des-ayuno». Es el momento en el que sales del ayuno. Por lo tanto, todo el mundo ayuna. En nuestro planteamiento la única novedad es que el espacio de la noche no es suficiente para lo que tu cuerpo espera de ti. Por eso se trata de desayunar un poco más tarde.

Solo tienes que fijarte en lo que les sucede a muchos niños. No es casualidad que, cuando se levantan por la mañana, no tengan hambre. Son habituales las peleas entre padres e hijos por la creencia de que, si no comen nada antes de ir al colegio, van a desfallecer. Sin embargo, de forma natural no tienen hambre hasta tres o cuatro horas después de haberse levantado, cuando aparece el hambre real a nivel fisiológico.

¿Por qué no se nos permite respetar lo que el propio cuerpo nos está indicando? En lugar de permitir a los chicos que no desayunen, nos peleamos con ellos para que lo hagan y la industria nos coadyuva generando productos ricos en azúcar que despiertan el apetito aunque tengamos el estómago lleno.

Es preferible que tu hijo no coma nada a que ingiera esos cereales azucarados que nada tienen que ver con un alimento. Efectivamente, nuestro cuerpo tiene la capacidad de empezar a consumir grasa corporal y esperar a que el sistema digestivo nos dé la señal de hambre cuando esté preparado para desayunar. Aunque sea a la hora de almorzar.

Si los niños o los adultos tienen hambre cuando se levantan por la mañana, es importante que ingieran comida real, no alimentos procesados. Si no te apetece comer un plato con huevos y tomates, significa que no tienes hambre real, sino apetito por ingerir dulces. Y eso no es comida real.

Reflexiona al respecto y aprende a comer cuando tengas hambre. Si no tienes hambre real, simplemente ahórrate la ingesta y espera a hacer el *break-fast*, la ruptura del ayuno, un poco más adelante, cuando tu cuerpo te pida comer imperiosamente.

10

Vidas intermitentes

Hemos aprendido que el ayuno es interpretado por nuestro cuerpo como una señal que nos induce a sacar provecho de nuestros mejores recursos: tener la mente despejada, movilizar tus reservas de energía, regenerarte y eliminar todas aquellas células que no funcionan correctamente. Al ayunar, nuestro cuerpo piensa: «tengo que ser mi mejor versión y no dejar pasar la oportunidad de conseguir comida».

Ahora bien, ¿crees que el hambre es el único mensaje que nos impulsa a mejorar? Lógicamente, no. Por eso nos gustaría ir más allá del concepto de ayuno intermitente, donde solo tenemos en cuenta la comida, y hablar más bien de la vida intermitente. En este capítulo vamos a incorporar otros factores como el agua, el oxígeno, la temperatura y la motivación, que influyen también en que tu cuerpo se desperece y mejore. Empecemos.

Intermitencia de agua

La ingesta de líquidos es muy relevante porque hay algo muy común y sorprendente en nuestra sociedad: ¡hemos perdido la sensación de sed! ¡Qué paradoja! ¿Verdad? Sabemos que podemos aguantar muy pocos días sin beber y, sin embargo, nuestro cuerpo no nos avisa cuando necesitamos agua.

Esto ocurre básicamente por cuatro razones:

1. Cuando el cuerpo tiene sed, en vez de darle agua, que es lo más natural y lo más barato, ingerimos líquidos con azúcar (refrescos de cola, zumos azucarados...).

2. El agua que bebemos habitualmente es tan pobre en minerales que casi parece agua destilada. El agua pobre en minerales nos hace orinar para mantener la presión osmótica y nos deshidrata. ¿Os habéis fijado en esas personas que tienen siempre una botella de agua al lado y, cada vez que da un sorbito, tiene que ir al baño? Al final, el cuerpo aprende a no pedirte este líquido.

3. Nuestros hábitos no favorecen que aparezca la necesidad aguda de líquidos. Cuando hacemos deporte y sudamos, la sed aparece de forma natural y necesitamos beber agua, no bebidas dulces. El deporte es la mejor manera de recuperar la sed. Si no te mueves, esta sensación no aparece.

4. Cuando la pérdida de sed se cronifica, el cuerpo busca
   estrategias secundarias de obtención de líquidos y minerales. En vez de generar sed, produce sensación de
   hambre (a ver si hay suerte y te comes una sandía). A
   partir de ahora, si tienes hambre a todas horas, pregún-
   tate cuánto tiempo llevas sin beber agua. Quizá no tienes hambre, tienes sed.

¿Quieres recuperar tu sed?

Te presentamos un pequeño protocolo de recuperación de
la señal de sed.

Cuando te levantes por la mañana, si tienes sed, bebe
(normalmente todos tenemos sed al levantarnos). Si no tienes sed, no bebas y espera 4 horas. Si a las 4 horas tienes
sed, bebe; si no, espera 4 horas más y, entonces sí, bebe,
tengas o no tengas sed.

Cuando llegue el momento de beber, no bebas solo un
trago, sino al menos un vaso de agua o hasta que te sientas
saciado sin notarte encharcado. Este protocolo se funda-
menta en que, normalmente, la presión osmótica suele va-
riar cada 4 horas y es cuando, por lo común, el cuerpo nos
pide líquidos.

La ingesta óptima de agua, basada en un cierto ritmo y
hasta saciarte, simulando la conducta de ingesta de líquido
que hemos tenido siempre los seres humanos, parece que es
la estrategia idónea para recuperar la sed.

Por tanto, olvídate de ir con la botella de agua a tu lado todo
el día obligándote a beber a todas horas. ¡Ahora ya lo sabes!

Un acelerador de la recuperación de sed es el movimiento. Si haces deporte y sudas, la sed reaparecerá de forma natural. Por tanto, lo ideal es que sumes el deporte a este protocolo. También es importante que esperes a tener sensación de sed y no bebas agua todo el tiempo mientras entrenas.

Algunas **alternativas complementarias** a la bebida principal, que es el agua, pueden ser las infusiones, el té kombucha, el té matcha, el agua aromatizada con fruta natural y el agua con gas.

El resto de bebidas, como refrescos, jugos, cerveza, vino o destilados alcohólicos no se recomiendan o, en todo caso, de forma puntual, en ocasiones especiales.

El café se desaconseja porque tiene cafeína, que es un irritante para tu aparato digestivo y genera adicción. Y el edulcorante tampoco se admite durante el ayuno porque el mero gusto dulce ya genera una preparación de tu organismo para recibir la glucosa pero, como esta no llega, sufre una confusión.

Intermitencia de oxígeno

Otro factor de estimulación de la regeneración celular es la carencia de oxígeno. Para conseguirlo, nada mejor que la actividad física. Seguro que te resulta familiar ponerte a correr y que te falte el aire, ¿verdad? Pues eso es sanísimo para estimular a tus células.

Así que muévete, no lo dudes, no existe persona sedentaria sana. El movimiento es algo que debe estar incorporado en nuestro estilo de vida si nos queremos encontrar bien. Renunciar al movimiento es como renunciar a vivir. Una vez que lo tengas incorporado, solo se trata de que en tus sesiones de entrenamiento salgas de vez en cuando de tu zona de confort.

De hecho, con la actividad física, todos estos mecanismos se hacen más comprensibles. ¿Verdad que sabes que no mejorarás nunca tu ritmo corriendo si solo caminas? ¿O que necesitas cargar peso para que tu músculo crezca? Para activar los mecanismos de mejora, el cuerpo debe sentir la necesidad de hacerlo.

Si sigues clases guiadas, el monitor te motivará para que avances poco a poco. Si, en cambio, lo que más te gusta es salir a caminar o a correr, te recomendamos que alternes un ritmo suave, tranquilo, con un ritmo más alto.

Por ejemplo, puedes caminar o correr tranquilo pero, cada tres o cuatro minutos, acelerar el ritmo durante 30 segundos o un minuto para respirar de una forma más acelerada. Lo aconsejable es hacer ejercicio tres o cuatro veces por semana y que, cada vez que lo hagas, salgas de tu zona de confort, obligándote a acelerar tu frecuencia respiratoria para que te falte el aire. Este es un factor fundamental para conseguir que tu cuerpo esté en constante mejora y alcances la mejor versión de ti mismo. En el capítulo 11 te ofrecemos una orientación de las sesiones y el tipo de actividad física que estaría indicada para una semana.

Intermitencia de postura

Muchos estamos obligados a pasar muchas horas sentados en una oficina o una consulta. Si no hacemos nada al respecto, podemos pasar sentados más de 10 horas diarias. Por eso es importante cambiar de postura. Consigue una mesa cuya altura pueda regularse o coloca una caja de cartón que te permita elevar el ordenador para alternar el trabajo sentado y de pie.

Si no puedes, evita estar sentado más de una hora seguida, camina cada una o dos horas. A esto lo llamamos «bipedestación intermitente». Programa una alarma en tu teléfono y levántate y camina cada hora, o intenta alternar horas trabajando sentado y de pie. Puedes estar de pie mientras hablas por teléfono o reflexionas sobre cómo solucionar un problema.

Intermitencia de temperatura

Los humanos somos animales endotermos, como la mayoría de las aves y los mamíferos. Los endotermos utilizamos calor generado internamente para mantener nuestra temperatura corporal, que tiende a permanecer constante independientemente del medio ambiente. Para ello, necesitamos que nuestros mecanismos de termorregulación estén activos. Si siempre regulamos nuestra temperatura desde fuera, usando calefacción o aire acondicionado, perdemos la capacidad de usar nuestros propios recursos.

Sentir frío en su justa medida es otro de los estresores conocidos que mejoran notablemente nuestra salud. Ante el frío, el cuerpo reacciona para recuperar su temperatura. Puedes experimentarlo tú mismo. Un buen hábito a introducir en tu vida es acabar la ducha con agua fría. El frío activa y estimula. No hemos encontrado aún a nadie que diga que sigue dormido tras acabar la ducha matutina con agua fría. Pruébalo una semana y verás cómo se convierte en una rutina para ti.

Otro gran factor es... ¡moverte! ¿No es cierto que el ejercicio físico contribuye a quemar calorías? Usa tus hornos y producirás calor. Moverte es la mejor manera de contrarrestar el frío. Seguro que lo has experimentado cuando sales de casa en invierno a correr y, al volver a casa, te sorprende el calor que hace. Ya no necesitas la calefacción porque has activado tu estufa.

Además de mejorar tu salud regulando tu temperatura de forma endógena, ayudarás al planeta utilizando una fuente de energía entre 9 y 28 veces menos costosa que la calefacción.

Y, por último, intermitencia motivacional

Busca alicientes en tu vida, plantéate nuevas metas, aprende cosas nuevas. La motivación es también una gran movilizadora de tus propios recursos. ¿Recuerdas cuando de niño alguien te retaba a hacer algo a lo que no te atrevías? ¡Pues ahora debes hacerlo contigo mismo! Una característica que

define al ser humano es su tendencia innata a aprender, conocer y mejorar. La progresión nos define y nos estimula.

Los humanos no solo tenemos un cerebro más desarro-
llado que el resto de animales, sino también una capacidad
aún mayor de producir un neurotransmisor llamado dopamina, que se genera, entre otras causas, ante la aparición de
nuevos retos. Los proyectos, los objetivos y los retos, literalmente, estimulan nuestro «*dopping*» natural.

En este mundo de necesidades cubiertas y estímulos
pasivos (televisión, ordenador, videojuegos...), no damos
espacio para que esto se exprese. Y créenos: quien no crece
decrece.

Nos viene a la cabeza el caso de un paciente de ochenta años de
edad que acudió a nuestra consulta por un dolor en la rodilla. Al
tumbarlo en la camilla, vimos que tenía unas heridas en las
piernas y le preguntamos: «¿cómo se ha hecho estas heridas?».
Su esposa respondió:

—Doctor, ¡se las hace escalando los olivos para varearlos!

Su mujer estaba esperando que le hiciéramos entrar en razón, pero, para nuestros adentros, pensamos: ¡qué bien! Con
ochenta años, aquel hombre seguía activo y motivado por sus
olivos. Este paciente seguía manteniendo estímulos de mejora
y su cuerpo sentía que no se podía permitir quedarse sentado.
Este ejemplo nos muestra que, aunque tengamos una avanzada edad, si seguimos utilizando el cuerpo, este se mantiene funcional y sigue reparando lo que necesita utilizar.

Te hemos ofrecido suficientes ideas para ir más allá del ayuno intermitente y ampliarlo a una vida intermitente en la que existan momentos de confort y momentos de disconfort relativo.

Resumen

1. **Haz deporte, muévete, haz ejercicio, ¡levántate del sofá!** A lo largo de este libro te hemos explicado por qué es tan necesario el movimiento. Por si aún no te has convencido, ahí va un beneficio extra. El ejercicio es un reto que nuestro cuerpo conoce y activa de forma natural todos los mecanismos de mejora corporal. Su potencial antienvejecimiento es muy similar al de los ayunos y también tiene efectos antiinflamatorios y antidepresivos, ya que ayuda a regular los ritmos circadianos.

2. **Practica el ayuno intermitente.** Distribuye todas tus ingestas en una ventana de no más de 8 a 10 horas. Así enseñarás a tu cuerpo que hay momentos en los que no puede disponer de alimentos y momentos en los que sí.

3. **Bebe agua rica en minerales cada vez que tengas sed.**

4. **Pasa frío.** Entrena al aire libre en invierno o dúchate con agua fría.

5. **Practica la bipedestación intermitente.** No te quedes sentado todo el día.

6. **Plantéate retos.** Aprende, piensa en qué puedes mejorar y disfruta de la energía extra que supone plantearse un objetivo y llevarlo a cabo.

Como dijimos al comienzo, nuestro objetivo con este libro no es que consigas pasar 16 horas sin comer sin más y porque sí, sino que queremos que estés más sano y feliz, que disfrutes del camino. Nuestro cuerpo está diseñado para vivir en este contexto de intermitencia carencia-abundancia. Este ritmo nos recompensa y nos hace sentir satisfechos. Debemos salir de la abundancia en la que vivimos a día de hoy: recuerda que vidas demasiado cómodas generan cuerpos demasiado débiles.

Ahora bien, tampoco se trata de sufrir, sino de que, desde el conocimiento y las estrategias que te vamos a ofrecer en el siguiente capítulo, accedas a ese estado de intermitencia justamente porque cada vez serás más feliz.

Transitar del sufrimiento (al que muchas personas se refieren cuando se cansan haciendo ejercicio o cuando piensan en pasar más de 3 horas sin comer nada) a vivir la intermitencia como algo positivo y que te compensa te permitirá acceder al nivel de felicidad y libertad que queremos aportarte con este libro.

A continuación, te mostramos paso a paso cómo conseguirlo.

11

Ayuno Regenera:
El protocolo de ayuno que puedes incorporar a tu día a día de forma natural

Ha llegado el momento. Todo lo que hemos hablado hasta ahora es papel mojado si juntos no conseguimos que lo lleves a la práctica. Es más, queremos que lo consigas disfrutando del camino.

Así que aquí tienes nuestro protocolo para que introducir el ayuno no sea una lucha entre tu fuerza de voluntad y tus ganas de comer, sino un método progresivo para que tu cuerpo sienta en cada momento que está plenamente capacitado para afrontar los cambios con tranquilidad y energía.

El ayuno ha formado parte del modo de vida del ser humano desde su aparición en la tierra hace dos millones de años. La herencia genética no olvida, por eso nuestra fisiología espera que el ayuno acontezca.

Este protocolo no es más que desandar paso a paso el camino que nos ha llevado a ser incapaces de saber cuándo comer y cuándo dejar de hacerlo y a creer que no podemos permitirnos ayunar. Es el momento de llevar a cabo cada paso con tranquilidad, con la seguridad de que estás haciendo lo mejor para tu cuerpo y sin plantearte si podrás o no conseguirlo. Verás que, si te dejas guiar por nuestros consejos, te acompañaremos para que todo surja de forma natural en tan solo veinte días.

Podrás incorporar esta práctica de ayuno intermitente en tu día a día. No se trata de hacer un ayuno puntual, ni una de esas dietas «depurativas» que no te permiten comer durante varios días y que pueden ser muy perjudiciales para tu salud, para después volver a las malas costumbres de antes. El «castigo» que proporcionan esas prácticas es el culpable de que aparezcan la ansiedad, el mal humor y el malestar. No tiene por qué ser así, no es sano, así que prueba con lo que te vamos a plantear ahora.

PRIMER PASO:
10 días para desinflamarte

El estilo de vida actual, dominado por un ritmo estresante, alimentos procesados, bebidas que contienen azúcar y que poco tienen que ver con el agua, un estilo de vida sedentario y pocas horas de exposición al sol es totalmente hostil para nuestro organismo.

Ayuno Regenera • **157**

Al reconocer el medio ambiente como una amenaza, el sistema inmunitario no tiene otro remedio que activarse provocando una respuesta inflamatoria de la que ya hemos hablado. La inflamación es un síntoma común en patologías tan diversas como la diabetes, la depresión, el cáncer o las enfermedades inmunitarias.

Cuando el sistema inmunitario está en constante estado de alerta, necesita una gran cantidad de energía en forma de glucosa. Así que, en ese estado, el cuerpo no deja de pedirnos que comamos. En esta situación no podemos practicar el ayuno, porque nuestro cuerpo no está preparado para ello. Por eso, antes de empezar, es imprescindible desinflamar el organismo.

El objetivo de esta fase del protocolo es generar un entorno en el que el sistema inmunitario no tenga la necesidad de estar alerta. De este modo, desaparecerá la inflamación.

Para desinflamarte debes seguir estos 10 pasos:

1. **Come comida natural, no productos procesados ni edulcorados:** todos aquellos productos que tengan más de cinco ingredientes suelen estar diseñados para confundir a tu cerebro de forma que consumas más de lo que necesitas. Solo siguiendo esta premisa vas a desinflamar tu tubo digestivo y, de paso, empezarás a normalizar tu peso, pues tu cuerpo sabrá identificar si necesita comer o no.

NUTRICIÓN EVOLUTIVA

1-2 MILLONES DE AÑOS: CAZADORES-RECOLECTORES

Carne · Pescado · Verduras · Frutas · Huevos · Tubérculos · Marisco · Frutos secos

8.000-10.000 AÑOS
GANADEROS Y AGRICULTORES

Cereales

Lácteos · Legumbres

100-200 AÑOS
REVOLUCIÓN INDUSTRIAL
(TRABAJADORES)

Azúcar refinada · Harinas blancas

Jarabes de maíz y aceites vegetales · Grasas tras, endulzantes, saborizantes...

2. **Evita o minimiza los alimentos que pueden provocar una respuesta inflamatoria: cereales, legumbres y lácteos.** En muchas personas, estos alimentos generan ciertas respuestas inflamatorias o dañan el aparato digestivo cuando realmente no son imprescindibles nutricionalmente. Por tanto, reduce su consumo tanto como puedas.

3. **Bebe agua mineral.** Beber agua cumple dos funciones: incorporar líquido y también minerales. Es por ello que te recomendamos aguas que contengan un residuo seco superior a 200 mg con unas cantidades aproximadas de los siguientes minerales: 20-25 mg/l de magnesio, 3-5 mg/l de sodio y 1-2 mg/l de potasio. Sin esos minerales, el cuerpo es incapaz de mantener el líquido en el cuerpo, como ocurre cuando bebes agua destilada o de lluvia.

4. **Toma el sol.** Durante la mayor parte de nuestra evolución hemos estado muchas horas bajo el sol y continúa siendo un factor indispensable para estar sanos. Entre muchas otras funciones, la luz del sol es necesaria para la regulación de nuestro ritmo circadiano y para la síntesis de la vitamina D.

5. **Vive de día, duerme de noche.** Si hay algo que compartimos todos los animales de este planeta es que hemos tenido que adaptarnos a vivir con unas horas de sol y otras de oscuridad. Nuestro cuerpo espera estar activo durante el día y descansar por la noche. Irte a dormir más allá de las 23.00 o, como mucho, las 00.00 horas puede traer consecuencias muy importantes sobre nuestra salud, como fatiga, falta de concentración, alteraciones de nuestro sistema inmunitario y desórdenes metabólicos.

6. **Duerme al menos 7,5 horas al día.** Pocas cosas logran más consenso entre los expertos de la salud como la importancia del sueño y el descanso. Dormir 7,5 horas (¡recuerda, por la noche!) suele ser el tiempo óptimo para respetar tus ciclos de sueño y despertarte reparado y con energía.

7. **Contacta con la naturaleza.** Cada vez más autores sugieren que vivir cerca del entorno natural (incluyendo jardines y tierras agrícolas) tiene beneficios para la salud a largo plazo. Estos beneficios son causados por la necesidad psicológica de vivir en el entorno en el que evolucionamos como especie. Los humanos tenemos una necesidad predeterminada por la evolución de exponernos a la naturaleza. Cuando no lo hacemos, sentimos nostalgia.

8. **Disfruta de no hacer nada.** Durante la mayor parte de la historia, el ser humano ha dedicado parte de su tiempo a no hacer nada. Nuestras propias actividades nos lo exigían. No podíamos pasarnos todo el día cazando o recolectando, ni siquiera plantando. Ahora, en cambio, nos hemos convertido en los únicos animales «ocupados». Se nos pide que trabajemos más horas (por menos dinero), que agrupemos los días festivos para no distraernos, que nos jubilemos más tarde e incluso que no enfermemos.

9. **Muévete para divertirte y con el estómago vacío,**
como mínimo 4 horas después de la última comida. El
movimiento es necesario para sobrevivir y, como hemos
repetido, aquello que fue inevitable ahora se ha trans-
formado en una necesidad. Moverte en ayunas, como ya
hemos explicado, es el estado idóneo para recuperar la
capacidad de que el organismo recurra a la grasa corporal como fuente de energía.

PROPUESTA DE ACTIVIDAD FÍSICA SEMANAL

Lunes	Martes	Miércoles	Jueves	Viernes	Sábado	Domingo
HIIT	Fuerza	Descanso	HIIT	Fuerza	Cardiovascular	Cardiovascular

HIIT (High intensity interval training). Os proponemos dos ejemplos de entrenamiento de intervalo de
alta intensidad. El objetivo con este trabajo es que realices el entrenamiento a un 80-90 % de su sensación
subjetiva de esfuerzo.

Tabata:

- En cada ejercicio que elijas, debes de hacer este bloque de trabajo:

- «20 trabajo – 10» descanso × 8 repeticiones

- Esto equivaldría a un tabata. Puedes realizar de 3 a 5
ejercicios como flexiones, *burpees*, sentadillas, plan-

chas, zancadas... en función de tu nivel. Entre cada bloque, descansa 1 minuto.

- Duración: de 15 a 25 minutos

Contrarreloj:

- Elige 2-3 ejercicios y las repeticiones de cada uno que consideres para tu nivel.

- Lleva a cabo los ejercicios y, al acabar, realiza entre 15-20 segundos de descanso antes de volver a empezar con una nueva serie.

- Repite la serie de los ejercicios que has elegido seguida del descanso 10 veces.

- Duración: de 10 a 15 minutos.

FUERZA

Cuando trabajes fuerza, debes de añadir carga a los ejercicios que elijas. Deberías trabajar con un peso que no te permitiera hacer más de 8-10 repeticiones para poder incidir en la ganancia de fuerza. Aquí el ritmo de trabajo es más lento y es importante que descanses entre las diferentes repeticiones 1-2 minutos.

Si nunca antes has hecho un trabajo como este, te recomendamos el asesoramiento de un profesional. Durante el primer mes, deberías de trabajar con un peso más bajo para la adaptación del tejido y para el aprendizaje de una buena técnica.

CARDIOVASCULAR

Te invitamos a que un par de días a la semana los dediques a salir a caminar-correr, ir en bicicleta, nadar, remar... Puedes elegir la modalidad que más te motive y el ritmo que te pongas estará en función de tu estado físico.

Lo más importante como ya te hemos contado es que te empieces a mover. No te compares con nadie, solo contigo. Lo único que nos interesa es que te superes a ti mismo.

10. **Si es necesario, olvida todo lo que te hemos dicho.** Como hemos aprendido a lo largo del libro, la premisa básica para estar sanos es la flexibilidad. Como decía uno de nuestros profesores de fisiología, «la cabeza es redonda para que los pensamientos puedan circular», así que si alguna premisa te provoca más estrés del que pretende solucionar, simplemente olvídala.

El día a día de la persona desinflamada

Ejemplo de un día aplicando estos cambios:

1. Me voy a dormir no más tarde de las 23.00 horas. Sobre la 22.00 horas, empiezo a prepararme para el sueño. No practico actividades estimulantes ni me expongo a pantallas de luz azul.

2. Me levanto entre las 6.30 y las 8.00 horas. He dormido bien, me siento fresco y con ganas de afrontar el día. Me expongo a la luz solar para que mi cuerpo identifique que es de día.

3. Bebo agua si tengo sed.

4. Me pregunto si tengo hambre. Si es así, debería apetecerme comer alimentos como aguacate, huevo, patata, frutos secos... Si me apetecen, como. Si siento apetencia por alimentos como cereales azucarados, leche o galletas, no como nada porque sé que mi hambre no es real.

5. Si puedo, me muevo y lo hago en ayunas. Si, por el contrario, tengo que empezar a trabajar, pospongo el ejercicio para otro momento del día, programando siempre el entrenamiento de forma que hayan pasado 4 horas desde la última comida.

6. Durante el día, cuando aparece el hambre real, como alimentos sanos a voluntad y bebo agua cuando tengo sed. Empezaré a sentir que no tengo ganas de picar y, poco a poco, comeré como máximo tres veces al día.

7. Si estaba muy acostumbrado a picar, es posible que, al principio, todavía aparezca esta necesidad; si es así, me doy permiso para picar alimentos sanos como fruta, coco y frutos secos y no productos procesados. En breve, ya no será necesario.

8. Si puedo, me desplazo a pie al trabajo y, durante mi jornada, alterno estar sentado con estar de pie o caminar un poco.

9. A lo largo del día, siempre reservo un espacio para leer, pasear, reflexionar o lo que me apetezca, aparte del ejercicio físico.

10. Estoy atento a las oportunidades que me ofrece el día para exponerme al sol y si no, las busco. Por ejemplo, nosotros, en nuestras consultas, cada dos pacientes, salimos a la calle y damos un paseo. También hacemos deporte al aire libre e intentamos desplazarnos a pie para que nos dé el sol durante el trayecto. Es más fácil de lo que crees.

SEGUNDO PASO:
5 días para incorporar el
Time Restricted Feeding (TRF)

Queremos felicitarte por haber cumplido el primer paso del protocolo. Ahora ya podemos decirte que has superado la etapa más difícil. De ahora en adelante, todo te resultará mucho más sencillo.

- Tu sistema inmune está calmado y no te pide azúcar todo el tiempo.

- Tu cerebro reconoce lo que comes y recupera las señales de hambre y saciedad.

- Tu aparato digestivo es capaz de digerir con normalidad y aprovechar lo que comes.

- Tu flora intestinal está contenta con los alimentos que le das y se equilibra.

- Tu cuerpo empieza a sentir un cambio en su estado energético y es más capaz de recurrir a sus reservas de grasa corporal.

En definitiva, ahora sí que tienes el contexto adecuado para conseguir que tu cuerpo entienda y facilite que espacies más tus comidas. Tu necesidad de picar ha desaparecido. Muchos de nuestros pacientes no se llegan a creer que, en tan poco tiempo, puedan recuperar el control sobre lo que comen y se sientan libres porque ahora ya no necesitan picar. Ahora entienden que lo mejor es llegar con hambre real a la hora de comer para poder disfrutar de los alimentos. En este contexto, no son necesarias más de tres comidas al día.

Recuerda la importancia de espaciar las ingestas. Así tu tubo digestivo podrá activar mecanismos de limpieza y eliminar los restos que hayan quedado después de comer. De esta manera, evitarás el sobrecrecimiento bacteriano en el intestino delgado y ayudarás a normalizar la inflamación intestinal.

Ha llegado el momento de empezar a aplicar el *Time Restricted Feeding* (TRF). Como ya te hemos explicado, esta estrategia se basa simplemente en generar una ventana de ingesta que, desde el desayuno hasta la última comida, sea de entre 10 y 12 horas. Ahora ya sabes diferenciar si por la mañana tienes hambre real o hedónica (por capricho de dulces) y, por tanto, podrás decidir si tu primera comida es a las 07.00 o a las 11.00 horas, o incluso si puedes esperar a la hora de la comida principal.

Al acortar el tiempo entre comidas, se hace más evidente que, para llegar con hambre a las comidas principales, es mucho mejor no picar entre horas. Recuerda que tu cuerpo necesita un tiempo para recuperarse de la digestión. La clave está en que, si desayunas a las 07.00, cenes entre las 17.00 y las 19.00 horas; y si desayunas a las 10.00 horas, cenes entre las 20.00 y las 22.00 horas.

Ejemplos de horarios de comidas para un ayuno de 12 horas

Desayuno: 07.00 horas

Comida: 13.00 horas

Cena: Antes de las 19.00 horas

Desayuno: 10.00 horas

Comida: 13.30 horas

Cena: Antes de las 22.00 horas

Si, por ejemplo, desayunas a las 10.00, comes a las 13.30 y cenas a las 19.30 horas, resultará muy sencillo no realizar más de tres comidas. Incluso es posible reducirlo a dos, pero no tengas prisa. Te hablaremos sobre ello en el paso 3 del protocolo.

Como ves, puedes ajustar tus horarios de comidas como quieras: retrasar el desayuno o cenar más temprano.

Es muy fácil. Además, te ayudarán los líquidos que sí puedes tomar, por ejemplo, **aguas aromatizadas con frutas, infusiones, agua con gas o una bebida isotónica a base de agua mineral, un poquito de agua de mar y limón exprimido.**

TERCER PASO:
5 días para dejar que tu cuerpo haga el trabajo por ti y te enseñe a ayunar

En este contexto de satisfacción personal, te planteamos avanzar al siguiente paso, experimentando ayunos algo más prolongados. Llegados a este punto, comprobarás que ya te puedes saltar una comida de forma natural. No te cuesta ningún esfuerzo, como gatear a los bebés.

Imagínate que llega el fin de semana y te levantas de la cama. No tienes que trabajar, así que empiezas a hacer ejercicio físico un poco más tarde de lo habitual. Al acabar, son las 11.00 de la mañana pero no tienes hambre y te han invitado a una comida familiar a las 13.00 horas. Es el momento idóneo de experimentar que, para ir a esa comida con hambre real y disfrutar de lo que se va a servir en la mesa, puedes esperar perfectamente dos horas. No te cuesta ningún esfuerzo, tu estado energético es mucho más estable, no existe ansiedad y puedes llegar cómodamente hasta las 13.00 horas sin comer.

De pronto, alguien de tu familia te pregunta: «¿no has desayunado y me estás diciendo que desde la cena de ayer no has comido nada? Eso es un ayuno». Así es cómo caes en la cuenta de que no es que hayan pasado 8, 10 o 12 horas desde la cena hasta el desayuno, sino que ahora ya eres capaz de aguantar 16 horas sin comer y ni siquiera eras consciente de que estabas ayunando. Que, sencillamente, lo que has hecho es guiarte por tus sensaciones. Tu cuerpo ha hecho el trabajo por ti.

Esto significa que lo estás haciendo correctamente. Es más, ese día, después de almorzar a las 13.00 horas, cenarás a las 20.00 o a las 21.00 horas, porque necesitarás que hayan pasado entre 6 y 8 horas para volver a tener la sensación de hambre real con la que ahora sí que estás disfrutando. De pronto, te das cuenta de que puedes pasar entre 16 y 18 horas sin comer y, además, sintiendo todos los efectos positivos que esta práctica tiene sobre tu cuerpo.

Ya está interiorizado, relájate

Después de haber experimentado este ayuno tan largo de forma relajada, se abre la posibilidad de que puedas repetirlo cuando te parezca adecuado. Quizás, a partir de ahora, a pesar de tener que ir a trabajar, te des cuenta de que no necesitas desayunar y prefieres esperar a la hora de comer. Es muy motivador ver lo bien que te sientes y que la necesidad de comer cada dos horas ya forma parte del pasado. En fisiología, se llama «flexibilidad metabólica» y nosotros lo llamamos «libertad».

¿Te gustaría volver a comer como lo hacías antes? Estamos seguros de que tu respuesta es un rotundo «no». Porque sabes que ahora estás en el camino correcto y te sientes mejor que nunca.

A partir de ese momento, no sería de extrañar que un día, después de hacer ejercicio por la mañana y comer a las 14.00 horas hasta saciarte, no sientas apetito por la noche y aparezca la necesidad, desde la tranquilidad, de no cenar, sin más. Quizá, sin darte cuenta, no vuelvas a comer nada hasta el día siguiente a mediodía, acercándote ya no solo a las 16 horas de ayuno, sino a las 24 horas. Siempre desde la máxima naturalidad y calma, porque es lo que tu cuerpo, ahora sí, sano y con flexibilidad metabólica, te está pidiendo.

Hasta aquí el protocolo de tres pasos para incorporar el ayuno a tu vida. Deseamos que lo disfrutes.

En el siguiente capítulo abordaremos cómo prolongar aún más las horas de ayuno. En situaciones concretas, como la necesidad de generar una renovación de tu sistema inmunitario, puede que lo necesites. Hemos querido separarlo del protocolo porque esta es una herramienta específica y no todo el mundo necesita aplicarla.

12

Ayuno Regenera Plus: El protocolo para la renovación de tu sistema inmunitario

Vaya por delante que este protocolo solo está indicado en casos muy concretos. No es necesario ni aconsejable empezar por esta práctica, porque tu cuerpo no lo va a entender. Pero sí que queremos dejar constancia en este libro de cómo funciona para que, quien esté preparado y lo necesite, pueda acometerlo sin ningún tipo de sufrimiento.

Visto, de nuevo, desde una perspectiva evolutiva, el ser humano a lo largo de su historia ha tenido que experimentar ayunos de entre tres y cinco días en muy pocas ocasiones. Para realizar esta práctica se necesitan una serie de condicionantes determinados, por eso solo la utilizaremos cuando necesitemos que los mecanismos de reparación incidan sobre nuestro sistema inmunitario. Como ya te hemos explicado, la activación de la autofagia o renovación celular necesita de diferentes estímulos según el tipo de célula a la que queramos dirigirnos.

Para conseguir este efecto sobre las células inmunitarias, necesitaremos al menos tres días de ayuno o cinco días de Dieta que Simula al Ayuno (*Fasting Mimicking Diet*, FMD). Cada vez son más los estudios científicos que observan cambios espectaculares en la respuesta inmunitaria tras la realización de este ayuno. Probablemente será uno de los descubrimientos más relevantes de la inmunología del siglo XXI.

¿Cómo empiezo?

Si ya has superado el protocolo de ayuno Regenera, en este momento hacer ejercicio en ayunas o comer solamente una o dos veces al día será para ti algo natural. **Solo si has integrado esta práctica puedes realizar el ayuno de tres o cinco días.**

Para que te resulte aún más fácil, antes vamos a potenciar la movilización de tus reservas de grasa para que tu cerebro se sienta en todo momento alimentado y tranquilo. En definitiva, queremos que tu cuerpo esté usando exclusivamente la grasa corporal para producir energía. Así, cuando no llegue comida, simplemente tendrá que mantener ese estado metabólico.

Existe una herramienta muy útil e interesante que nos ayudará a conseguirlo: **la dieta cetogénica.**

Esta estrategia nutricional se basa en eliminar casi completamente los carbohidratos de tu dieta y subir el consumo de grasas de calidad. Es fácil de entender. Si no entran azúcares y llegan grasas, el cuerpo entiende perfectamente que ese es el contexto óptimo para consumir grasa corporal como fuente de energía. La dieta cetogénica induce no solo a la movilización de tus reservas de grasa, sino a que tu hígado fabrique también cuerpos cetónicos (de ahí el nombre de dieta cetogénica). Como ya te hemos explicado anteriormente, las cetonas son un tipo de sustrato energético que les encanta a tus neuronas, por eso notarás que te sientes despierto y mentalmente ágil.

Este estado previo al ayuno nos ahorra entre 30 y 40 horas de adaptación al consumo corporal de grasa y a que el organismo no recurra a sus reservas de glucógeno. De nuevo, nos pone en disposición de afrontar los tres o cinco días de ayuno con calma y disfrutando.

Por tanto, el protocolo de ayuno Regenera Plus se inicia con siete días de dieta cetogénica. Seguidamente, realizaremos los tres o cinco días de FMD y, por último, realizaremos como post-ayuno una dieta alta en proteínas y moderada en carbohidratos.

Esta última intervención tiene como objetivo estimular la fabricación de nuevas células. Tan importante es eliminar aquello que se ha deteriorado como estimular después la fabricación de nuevos tejidos.

Empecemos.

PRIMER PASO:
7 días de dieta cetogénica

La dieta cetogénica se basa en no consumir más de 30 gramos de carbohidratos al día y que el 70 % de las calorías procedan de grasas. La manera más fácil de conseguirlo es evitar cereales, frutas y tubérculos, además de consumir grasa de calidad como aceite de oliva, aguacate, aceitunas y pescado azul. Para hacértelo más simple, solo tienes que seguir el plan de recetas que te proponemos, y te garantizamos que, además de hacer el ayuno más llevadero, darás un paso más en tu flexibilidad metabólica transformando tu cuerpo en una auténtica máquina de quemar grasa.

Notas:

Hemos marcado los dos momentos del día que consideramos idóneos para tu sesión de ejercicio físico, a escoger.

Si lo prefieres, también puedes comer por la mañana y a mediodía, y no cenar.

Lunes	Martes	Miércoles	Jueves	Viernes	Sábado	Domingo
Ejercicio físico.	Ejercicio físico.	Ejercicio físico.	Ejercicio físico.	Ejercicio físico.	Ejercicio físico.	Ejercicio físico.
Ensalada de rúcula y pepino.	Espárragos trigueros.	Canónigos, rábanos y ½ aguacate.	Ensalada de hojas verdes, pepino y aceitunas.	Rúcula, aguacate y nueces con atún y coco natural.	Endivias con anchoas.	Brócoli al vapor.
Pollo al gusto.	Churrasco de ternera.	Salmón a la plancha o al horno.	Entrecot.		Hamburguesa casera de ternera (sin pan).	Sardinas al horno.
Ejercicio físico.	Ejercicio físico.	Ejercicio físico.	Ejercicio físico.	Ejercicio físico.	Ejercicio físico.	Ejercicio físico.
Crema de calabacín.	Ensalada de hojas verdes, pepino y aceitunas.	Caldo (de verdura, pollo o pescado).	Crema de puerros con trocitos de bacon.	Champiñones y berenjena al wok.	Alcachofas laminadas al horno.	Caldo (de verdura, pollo o pescado).
Tortilla a la francesa.	Mejillones al vapor. Pulpitos o calamares a la plancha.	Secreto ibérico con mayonesa casera.	Tortilla francesa con pepino laminado.	Rape con mayonesa casera.	Bacalao con pimentón.	Pollo salteado con verduras y avellanas.

Recomendaciones para el plan cetogénico

Elimina los alimentos ricos en carbohidratos (cerveza, arroz, pan, pasta, cereales, tubérculos y fruta) y no tengas miedo de comer más grasa para saciarte. Esta no es una dieta de contar calorías. Puedes comer tanto como quieras.

Come dos o tres veces al día y no piques entre horas.

Si tienes más hambre, puedes complementar la comida y la cena con huevo, aguacate u otros ingredientes ricos en grasa y pobres en carbohidratos.

Bebe mucha agua y toma como máximo un café al día, después de comer. Pero si puedes, evítalo.

Durante esta semana eliminarás líquidos y minerales. Te recomendamos beber uno o dos vasos de agua mezclada con agua de mar cada día (cuatro quintas partes de agua mineral y una quinta parte de agua de mar).

SEGUNDO PASO:
3 días de ayuno o 5 días de FMD

Levántate lo más tarde posible y toma una infusión (té, manzanilla, menta poleo, etc. sin azúcar ni edulcorante) o agua isotónica mezclando 200 ml de agua de mar y 800 ml de agua normal. Añádele un chorrito de limón. Si tienes hambre o te sientes bajo de energía, repite esta infusión cada 3 horas. A esta infusión le puedes añadir una cucharada sopera de MCT (ácidos grasos de cadena media) o aceite de coco. A tu hígado le resulta fácil convertir este tipo de grasa en cuerpos cetónicos.

Te puede parecer extraño que puedas ingerir grasas durante un ayuno. Es una buena cuestión. La clave es entender el objetivo de esta estrategia. Un poco de MCT no bloqueará el estímulo autofágico y, a la vez, hará que el ayuno te resulte más llevadero. Por eso lo incluimos. Si lo necesitas, puedes cenar un caldo.

Sobre todo, no te quedes en casa pensando en la comida, mirando con deseo la puerta de la nevera, aburriéndote y amargándote; aprovecha para hacer cosas interesantes y divertidas para dirigir tu mente hacia el exterior. Una buena idea es ir a pasear por la montaña o salir a caminar con la botella de agua isotónica. Puedes aprovechar para hacer llamadas de trabajo, a algún amigo con el que hace tiempo que no hablas o a tu expareja (eso lo dejamos en tus manos…). Lo importante es que no te quedes encerrado y pensando únicamente en el ayuno, sino todo lo contrario: cuanto más divertida sea tu vida, menos te costará ayunar.

Fácilmente llegarás a la tarde sin ni siquiera darte cuenta, con la sensación de haber hecho algo productivo y, en cierta medida, reconfortado por haber llamado también a esos amigos y familiares con los que hacía tanto tiempo que no hablabas.

Por nuestra experiencia, aunque no ocurre en todos los casos, existen tres dificultades típicas durante la realización del ayuno o el FMD:

1. Dificultad para conciliar el sueño: las hormonas que producen hambre también nos activan. Por eso, una de las dificultades que puedes encontrarte es que te cueste conciliar el sueño. Para evitarlo, una hora antes de ir a dormir, empieza a bajar el ritmo, no te conectes a aparatos electrónicos ni te expongas a luz muy intensa y realiza actividades suaves como charlar con tu familia, recoger la casa o preparar las cosas para el día siguiente. Una ayuda puede ser suplementarte con magnesio. Lo mejor es una combinación de citrato y bisglicinato, en una dosis de 100 a 400 mg al día; y de fosfatidilserina, entre 150 y 300 mg.

2. Lidiar con el hambre: si pasas hambre, haz deporte. El movimiento alimentará a tu cerebro con dopamina, adrenalina y endorfinas, las hormonas de la felicidad; y te ayudará a centrarte en algo que no sea la obsesión por no poder comer. Esta es realmente la estrategia más efectiva.

3. Estreñimiento: si te cuesta ir al baño, recuerda hidratarte con la bebida isotónica, toma magnesio y, si quieres, toma un probiótico de calidad durante los tres días.

Ahora que ya sabes todo lo que puede ocurrir en esta fase, es el momento de que elijas entre el ayuno completo o la FMD, según tus preferencias. Tal como te explicamos al principio, es más llevadero el ayuno completo que la FMD, pero es verdad que muchos pacientes, al menos la primera vez, escogen la opción de comer poco.

El protocolo completo de la Dieta que simula el Ayuno

FASTING MIMICKING DIET | REGENERA

Días: ❶ ❷ ❸ ❹ ❺

DESAYUNO DESAYUNO

- Yogurt de cabra / oveja / coco (100 gr)
- Fruta (100 gr): Arándanos, moras, fresas
- Frutos secos (10 gr): Nueces, almendras, avellanas, anacardos, nueces del Brasil, pistachos.
- Té, infusión, café (sin azúcar)

- Té, infusión, café (sin azúcar)

COMIDA COMIDA

- Verdura (350 gr)
- Aguacate (100 gr)
- Aceite de oliva (10 gr)
- Frutos secos (20 gr): Nueces, almendras, avellanas, anacardos, nueces del Brasil, pitachos.

- Verdura (350 gr)
- Aguacate (100 gr)
- Aceite de oliva (10 gr)
- Frutos secos (18 gr): Nueces, almendras, avellanas, anacardos, nueces del Brasil, pitachos.

CENA | CENA

- Verdura (350 gr)
- Aguacate (100 gr)
- Aceite de oliva (10 gr)
- Frutos secos (20 gr): Nueces, almendras, avellanas, anacardos, nueces del Brasil, pistachos.

- Verdura (350 gr)
- Aguacate (100 gr)
- Aceite de oliva (10 gr)
- Frutos seocs (20 gr): Nueces, almendras avellanas, anacardos, nueces del Brasil, pistachos.

Información | Información

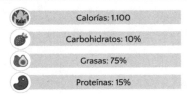

Calorías: 1.100
Carbohidratos: 10%
Grasas: 75%
Proteínas: 15%

Calorías: 800
Carbohidratos: 10%
Grasas: 80%
Proteínas: 10%

¿Y cómo volvemos a comer?

Como te anticipábamos, una vez activados los mecanismos de regeneración celular, llega el momento de estimular la fabricación de nuevas células.

Para conseguirlo, te proponemos, a modo de ejemplo, este menú semanal moderado en carbohidratos y rico en proteínas.

Lunes	Martes	Miércoles	Jueves	Viernes	Sábado
Ejercicio físico.	Ejercicio físico.	Ejercicio físico.	Ejercicio físico.	Ejercicio físico.	Ejercicio físico.
Gazpacho con huevo duro.	Ensalada de espinacas, tomate, pepino, zanahoria y aceitunas.	Ensalada de patata, tomate, huevo duro y atún.	Endivias con zanahoria, pimiento y pasas.	Pimiento asado con cebolla y berenjena.	Sopa de melón y menta.
Pollo a la plancha.	Merluza al vapor con tomillo y romero.	Lenguado a la plancha.	Tataki de atún fresco.	Bacalao con boniato.	Tacos de ternera con pimiento verde.
Ejercicio físico.	Ejercicio físico.	Ejercicio físico.	Ejercicio físico.	Ejercicio físico.	Ejercicio físico.
Crema de calabaza y zanahoria.	Patata con acelgas.	Espinacas con pasas.	Sopa de pescado.	Brócoli y boniato al vapor con cúrcuma y pimienta.	Ensalada de canónigos y tomates secos.
Caballa a la plancha.	Conejo a la plancha.	Hígado de cordero a la plancha con calabacín.	Rape con pimentón.	Bistec.	Caldereta de pescado y marisco.

Despedida

¿Qué valor tiene poder controlar tu salud y la de los tuyos? Incalculable, ¿verdad? Así lo creemos nosotros.

Hemos querido ofrecerte la información más actualizada sobre el ayuno y combinarla con nuestros más de veinte años de experiencia clínica para que puedas llevarlo a cabo desde la tranquilidad. El objetivo final siempre ha sido para nosotros que todo lo que incorpores a tu vida te haga más feliz.

Durante todos estos años de práctica clínica, hemos podido observar que, cuando uno conoce y, sobre todo, experimenta este estilo de vida, ya no hay marcha atrás. Tal como nuestros pacientes expresan: «tengo más años que nunca pero me siento más joven y mejor que nunca».

Te deseamos lo mejor.

Ecosistema
digital

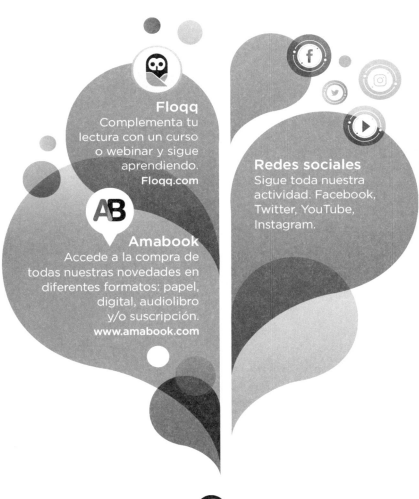

Floqq
Complementa tu
lectura con un curso
o webinar y sigue
aprendiendo.
Floqq.com

Amabook
Accede a la compra de
todas nuestras novedades en
diferentes formatos: papel,
digital, audiolibro
y/o suscripción.
www.amabook.com

Redes sociales
Sigue toda nuestra
actividad. Facebook,
Twitter, YouTube,
Instagram.

EDICIONES URANO

52

AMERICA'S MOST TRUSTED

Celebrating 150 Years

Contents

21

7

63

Cheesecakes & Bars

Brownie Chocolate Chip Cheesecake

Prep time: 20 minutes

- 1 (19.5- or 22-ounce) package fudge brownie mix
- 3 (8-ounce) packages cream cheese, softened
- 1 (14-ounce) can **EAGLE BRAND®** Sweetened Condensed Milk (NOT evaporated milk)
- 3 eggs
- 2 teaspoons vanilla extract
- ½ cup miniature chocolate chips

1. Preheat oven to 350°F. Grease bottom only of 9-inch springform pan. Prepare brownie mix as package directs for chewy brownies. Spread evenly in prepared pan. Bake 35 minutes or until set.

2. In large bowl, beat cream cheese until fluffy. Gradually beat in **EAGLE BRAND®** until smooth. Add eggs and vanilla; mix well. Stir in chocolate chips. Pour into baked crust.

3. Reduce oven temperature to 300°F. Bake 50 minutes or until set. Cool. Chill thoroughly. Remove side of springform pan. Garnish as desired. Store leftovers covered in refrigerator.

Note: Chocolate chips may fall to top of brownie layer during baking.

Makes one (9-inch) cheesecake

Strawberry Swirl Cheesecake Bars

Prep time: 20 minutes

- 1 (10-ounce) package frozen strawberries, thawed (2½ cups)
- 1 tablespoon cornstarch
- 1¾ cups finely crushed cinnamon graham cracker crumbs
- ¼ cup (½ stick) butter or margarine, melted
- 2 (8-ounce) packages cream cheese, softened
- 1 (14-ounce) can **EAGLE BRAND®** Sweetened Condensed Milk (NOT evaporated milk)
- 2 eggs
- ⅓ cup lemon juice
- 1 teaspoon vanilla extract

1. Preheat oven to 350°F. Grease 13×9-inch baking pan. In blender, blend strawberries until smooth. In saucepan, over medium heat, combine strawberry purée and cornstarch; cook and stir until thickened. Cool.

2. In small bowl, combine graham cracker crumbs and butter; press firmly on bottom of prepared pan.

3. In large bowl, beat cream cheese until fluffy. Gradually beat in **EAGLE BRAND®** until smooth. Add eggs, lemon juice and vanilla; mix well. Pour over crust.

4. Drop strawberry mixture by spoonfuls over batter. Gently swirl with knife or spatula. Bake 25 to 30 minutes or until center is set. Cool. Chill. Cut into bars. Store leftovers covered in refrigerator.

Makes 2 to 3 dozen bars

Luscious Baked Chocolate Cheesecake

Prep time: 20 minutes

1¼ cups graham cracker crumbs
⅓ cup butter or margarine, melted
¼ cup granulated sugar
3 (8-ounce) packages cream cheese, softened
1 (14-ounce) can **EAGLE BRAND®** Sweetened Condensed Milk
  (NOT evaporated milk)
2 cups (12 ounces) semisweet chocolate chips *or*
  8 (1-ounce) squares semisweet chocolate, melted
4 eggs
2 teaspoons vanilla extract

1. Preheat oven to 300°F. Combine graham cracker crumbs, butter and sugar; press firmly on bottom of 9-inch springform pan.

2. In large bowl, beat cream cheese until fluffy. Gradually beat in **EAGLE BRAND®** until smooth. Add melted chocolate, eggs and vanilla; mix well. Pour into crust.

3. Bake 65 minutes or until center is set. Cool to room temperature. Chill. Garnish as desired. Store leftovers covered in refrigerator.

Makes one (9-inch) cheesecake

Apple Cinnamon Cheesecake

Prep time: 20 minutes

- ½ cup (1 stick) plus 1 tablespoon butter or margarine, softened and divided
- ¼ cup firmly packed light brown sugar
- 1 cup all-purpose flour
- ¼ cup quick-cooking oats
- ¼ cup finely chopped walnuts
- ½ teaspoon ground cinnamon
- 2 (8-ounce) packages cream cheese, softened
- 1 (14-ounce) can **EAGLE BRAND**® Sweetened Condensed Milk (NOT evaporated milk)
- 3 eggs
- ½ cup frozen apple juice concentrate, thawed
- 2 medium apples, cored and sliced
  Cinnamon Apple Glaze (recipe follows)

1. Preheat oven to 300°F. In small bowl, beat ½ cup butter and brown sugar until fluffy. Add flour, oats, walnuts and cinnamon; mix well. Press firmly on bottom and halfway up side of 9-inch springform pan. Bake 10 minutes.

2. In large bowl, beat cream cheese until fluffy. Gradually beat in **EAGLE BRAND**® until smooth. Add eggs and apple juice concentrate; mix well. Pour into baked crust.

3. Bake 45 minutes or until center springs back when lightly touched. Cool.

4. In large skillet, cook apples in remaining 1 tablespoon butter until tender-crisp. Arrange on top of cheesecake; drizzle with Cinnamon Apple Glaze. Chill. Store leftovers covered in refrigerator.

Makes one (9-inch) cheesecake

Cinnamon Apple Glaze

- ¼ **cup frozen apple juice concentrate, thawed**
- 1 **teaspoon cornstarch**
- ¼ **teaspoon ground cinnamon**

In small saucepan, combine ingredients; mix well. Over low heat, cook and stir until thickened.

Makes about ¼ cup

Toffee-Top Cheesecake Bars

Prep time: 20 minutes

1¼ cups all-purpose flour
 1 cup confectioners' sugar
 ½ cup unsweetened cocoa powder
 ¼ teaspoon baking soda
 ¾ cup (1½ sticks) butter or margarine, softened
 1 (8-ounce) package cream cheese, softened
 1 (14-ounce) can **EAGLE BRAND®** Sweetened Condensed Milk
   (NOT evaporated milk)
 2 eggs
 1 teaspoon vanilla extract
1¾ cups (10 ounces) English toffee bits, divided

1. Heat oven to 350°F. In medium bowl, combine flour, confectioners' sugar, cocoa and baking soda; cut in butter until mixture is crumbly. Press into bottom of ungreased 13×9-inch baking pan. Bake 15 minutes.

2. In large bowl, beat cream cheese until fluffy. Add **EAGLE BRAND®**, eggs and vanilla; beat until smooth. Stir in 1 cup toffee bits. Pour mixture over hot crust. Bake 25 minutes or until set and·edges just begin to brown.

3. Remove from oven. Cool 15 minutes. Sprinkle remaining ¾ cup toffee bits evenly over top. Cool completely. Refrigerate several hours or until cold. Store leftovers covered in refrigerator.

Makes 3 dozen bars

Festive Cranberry Cream Cheese Squares

Prep time: 20 minutes

- 2 cups all-purpose flour
- 1½ cups oats
- ¾ cup plus 1 tablespoon firmly packed brown sugar, divided
- 1 cup (2 sticks) butter or margarine, softened
- 1 (8-ounce) package cream cheese, softened
- 1 (14-ounce) can **EAGLE BRAND®** Sweetened Condensed Milk (NOT evaporated milk)
- 2 eggs
- 1 (27-ounce) jar **NONE SUCH®** Ready-to-Use Mincemeat (Regular *or* Brandy & Rum)
- 2 tablespoons cornstarch
- 1 (16-ounce) can whole-berry cranberry sauce

1. Preheat oven to 375°F. Grease 15×10-inch jelly-roll pan. In large bowl, beat flour, oats, ¾ cup brown sugar and butter until crumbly. Reserving 1½ cups crumb mixture, press remaining mixture on bottom of prepared pan. Bake 15 minutes or until lightly browned.

2. In medium bowl, beat cream cheese until fluffy. Gradually beat in **EAGLE BRAND®** until smooth; beat in eggs. Spread over baked crust; top with **NONE SUCH®**.

3. Combine remaining 1 tablespoon brown sugar and cornstarch; stir in cranberry sauce. Spoon over mincemeat. Top with reserved crumb mixture. Bake 40 minutes or until golden. Cool. Chill. Cut into squares. Store leftovers covered in refrigerator.

Makes 16 to 20 servings

Celebration
Lime Cheesecake Bars

Prep time: 20 minutes

1¼ cups all-purpose flour

⅓ cup sugar

7 tablespoons butter or
   margarine, softened and
   cut into ½-inch pieces

1 egg yolk, beaten

⅓ cup firmly packed flaked
   coconut

2 (8-ounce) packages cream
   cheese, softened

1 (14-ounce) can **EAGLE
   BRAND**® Sweetened
   Condensed Milk (NOT evaporated milk)

2 eggs

½ cup lime juice

Optional Toppings (recipes follow)

*Shown with White Chocolate Glaze
with Toasted Coconut and Pecans*

1. Preheat oven to 400°F. Grease 13×9-inch glass baking dish. With mixer, combine flour and sugar. Add butter and egg yolk; blend until combined. Mix in coconut.

2. Press dough into bottom of prepared dish. Bake 12 to 14 minutes or until edge of crust is golden brown. Reduce oven temperature to 350°F.

3. With mixer, beat cream cheese until fluffy. Gradually beat in **EAGLE BRAND**® until smooth. Add eggs; mix until just combined. Stir in lime juice. Pour batter over baked crust.

4. With oven at 350°F, bake 17 to 22 minutes or until center is set. Cool. Cover and chill 2 hours. Serve with topping (optional). Store leftovers covered in refrigerator.

Makes 18 to 20 bars

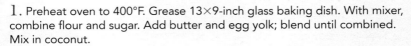

White Chocolate Glaze with Toasted Coconut and Pecans

¼ cup (½ stick) butter or margarine, divided
½ cup flaked coconut
⅓ cup chopped pecans
1¼ cups white chocolate chips *or* vanilla chips
¼ cup lime juice

1. In skillet, melt 1 tablespoon butter. Add coconut and pecans; cook and stir until coconut is light brown. Remove from heat. Cool.

2. In large bowl, combine chips, lime juice and remaining butter. Microwave on MEDIUM-HIGH (80% power) 30 to 40 seconds. Mix until smooth.

3. Pour glaze over bars, spreading evenly. Top with coconut mixture.

Mixed Fruit Salsa

1 mango, peeled, pitted and diced
1 cup chopped pineapple
1 cup diced strawberries
2 tablespoons lemon juice
¼ cup granulated sugar

Mix all ingredients in bowl. Chill at least one hour. Stir before serving.

Makes 2½ cups

Quick Raspberry Sauce

2 (10- or 12-ounce) packages frozen raspberries, thawed
¼ cup granulated sugar
2 tablespoons lemon juice
2 tablespoons water

Combine all ingredients in food processor or blender and mix until smooth. Store covered in refrigerator.

Makes 3 cups

Quick Berry Sauce

1 cup raspberries
2 tablespoons lemon juice
2 tablespoons granulated sugar, or to taste
1 cup blueberries
1 cup diced strawberries

In large bowl, combine raspberries, lemon juice and sugar. Using large fork or potato masher, smash the berries to make a purée. Fold in blueberries and strawberries. Store covered in refrigerator.

Makes 2½ cups

Maple Pumpkin Cheesecake

Prep time: 25 minutes

1¼ cups graham cracker crumbs

¼ cup granulated sugar

¼ cup (½ stick) butter or margarine, melted

3 (8-ounce) packages cream cheese, softened

1 (14-ounce) can **EAGLE BRAND®** Sweetened Condensed Milk (NOT evaporated milk)

1 (15-ounce) can pumpkin (2 cups)

3 eggs

¼ cup pure maple syrup

1½ teaspoons ground cinnamon

1 teaspoon ground nutmeg

½ teaspoon salt

Maple Pecan Glaze (recipe follows)

1. Preheat oven to 325°F. Combine graham cracker crumbs, sugar and butter; press firmly on bottom of 9-inch springform pan.

2. In large bowl, beat cream cheese until fluffy. Gradually beat in **EAGLE BRAND®** until smooth. Add pumpkin, eggs, maple syrup, cinnamon, nutmeg and salt; mix well. Pour into crust.

3. Bake 1 hour and 15 minutes or until center appears nearly set when shaken. Cool 1 hour. Cover and chill at least 4 hours. Top with chilled Maple Pecan Glaze. Store leftovers covered in refrigerator.

Makes one (9-inch) cheesecake

Maple Pecan Glaze

1 cup (½ pint) whipping cream

¾ cup pure maple syrup

½ cup chopped pecans

In medium saucepan over medium-high heat, combine whipping cream and maple syrup; bring to a boil. Boil rapidly 15 to 20 minutes or until thickened, stirring occasionally. Add nuts. Cover and chill. Stir before using.

Pies

Banana Pudding Cream Pie

Prep time: 20 minutes

1½ cups vanilla wafer crumbs (about 36 wafers)
⅓ cup butter or margarine, melted
¼ cup granulated sugar
1 (14-ounce) can **EAGLE BRAND®** Sweetened Condensed Milk (NOT evaporated milk)
4 egg yolks
½ cup water
1 (4-serving size) package cook-and-serve vanilla pudding and pie filling mix
1 (8-ounce) container sour cream, at room temperature
2 medium bananas, sliced, dipped in lemon juice and drained
Whipped cream
Additional banana slices, dipped in lemon juice and drained
Additional vanilla wafers

1. Preheat oven to 375°F. Combine wafer crumbs, butter and sugar; press firmly on bottom and up side to rim of 9-inch pie plate to form crust. Bake 8 to 10 minutes. Cool.

2. In heavy saucepan, combine **EAGLE BRAND®**, egg yolks, water and pudding mix; stir until well blended. Over medium heat, cook and stir until thickened and bubbly. Cool 15 minutes. Beat in sour cream.

3. Arrange banana slices on bottom of baked crust. Pour filling over bananas; cover. Chill. Top with whipped cream. Garnish with additional banana slices and vanilla wafers. Store leftovers covered in refrigerator.

Makes one (9-inch) pie

Sweet Potato Pie

Prep time: 20 minutes

- 1 pound sweet potatoes*, boiled and peeled
- ¼ cup (½ stick) butter or margarine
- 1 (14-ounce) can **EAGLE BRAND®** Sweetened Condensed Milk (NOT evaporated milk)
- 2 eggs
- 1 teaspoon grated orange rind
- 1 teaspoon vanilla extract
- 1 teaspoon ground cinnamon
- 1 teaspoon ground nutmeg
- ¼ teaspoon salt
- 1 (9-inch) unbaked pie crust

For best results, use fresh sweet potatoes.

1. Preheat oven to 350°F. In large bowl, beat sweet potatoes and butter until smooth. Add **EAGLE BRAND®**, eggs, orange rind, vanilla, cinnamon, nutmeg and salt; mix well. Pour into crust.

2. Bake 40 minutes or until golden brown. Cool. Garnish as desired. Store leftovers covered in refrigerator.

Makes one (9-inch) pie

Fluffy Peanut Butter Pie

Prep time: 20 minutes

- ¼ cup (½ stick) butter or margarine
- 2 cups finely crushed crème-filled chocolate sandwich cookies (about 20 cookies)
- 1 (8-ounce) package cream cheese, softened
- 1 cup smooth or crunchy peanut butter
- 1 (14-ounce) can **EAGLE BRAND®** Sweetened Condensed Milk (NOT evaporated milk)
- 3 tablespoons lemon juice
- 1 teaspoon vanilla extract
- 1 cup (½ pint) whipping cream, whipped

1. In small saucepan over low heat, melt butter; stir in cookie crumbs. Press crumb mixture firmly on bottom and up side to rim of 9-inch pie plate; chill while preparing filling.

2. In large bowl, beat cream cheese until fluffy; add peanut butter and **EAGLE BRAND®**, beating until smooth. Stir in lemon juice and vanilla; fold in whipped cream. Pour into crust.

3. Chill 4 hours or until set. Garnish as desired. Store leftovers covered in refrigerator.

Makes one (9-inch) pie

Perfect Pumpkin Pie

Prep time: 15 minutes

1 (15-ounce) can pumpkin (2 cups)
1 (14-ounce) can **EAGLE BRAND®** Sweetened Condensed Milk (NOT evaporated milk)
2 eggs
1 teaspoon ground cinnamon
½ teaspoon ground ginger
½ teaspoon ground nutmeg
½ teaspoon salt
1 (9-inch) unbaked pie crust

1. Preheat oven to 425°F. In medium bowl, whisk pumpkin, **EAGLE BRAND®**, eggs, cinnamon, ginger, nutmeg and salt until smooth. Pour into crust.

2. Bake 15 minutes. Reduce oven temperature to 350°F and continue baking 35 to 40 minutes or until knife inserted 1 inch from crust comes out clean. Cool. Garnish as desired. Store leftovers covered in refrigerator.

Makes one (9-inch) pie

Chocolate Chiffon Pie

Prep time: 20 minutes

2 (1-ounce) squares unsweetened chocolate, chopped
1 (14-ounce) can **EAGLE BRAND®** Sweetened Condensed Milk (NOT evaporated milk)
1 envelope unflavored gelatin
⅓ cup water
½ teaspoon vanilla extract
1 cup (½ pint) whipping cream, whipped
1 (6-ounce) prepared chocolate or graham cracker pie crust
  Additional whipped cream
  Shaved chocolate (optional)

1. In medium-heavy saucepan over low heat, melt chocolate with **EAGLE BRAND®**.

2. In small saucepan, sprinkle gelatin over water; let stand 1 minute. Over low heat, stir until gelatin dissolves.

3. Combine gelatin and chocolate mixture. Add vanilla. Cool to room temperature. Fold in whipped cream. Spread into crust.

4. Chill 3 hours or until set. Garnish with additional whipped cream and shaved chocolate (optional). Store leftovers covered in refrigerator.

Makes one pie

Creamy Lemon Pie

Prep time: 15 minutes

3 **egg yolks**
1 **(14-ounce) can EAGLE BRAND® Sweetened Condensed Milk (NOT evaporated milk)**
½ **cup lemon juice**
1 **(8- or 9-inch) prepared graham cracker or baked pie crust**
 Whipped topping or whipped cream
 Lemon curl or grated lemon rind (optional)

1. Preheat oven to 325°F. Beat egg yolks in medium bowl; gradually beat in **EAGLE BRAND®** and lemon juice. Pour into crust.

2. Bake 30 to 35 minutes or until set. Remove from oven. Cool 1 hour. Chill at least 3 hours.

3. Before serving, spread whipped topping over pie. Garnish with lemon curl or rind (optional). Store leftovers covered in refrigerator.

Note: To make a lemon curl, cut a strip of lemon rind—yellow part only—using a paring knife or lemon zester. Wind around a straw or chopstick, and secure with plastic wrap. Let stand 1 hour. To use, unwrap, slide the curl off the straw, and arrange attractively on pie.

Makes one (8- or 9-inch) pie

Decadent Brownie Pie

Prep time: 20 minutes

1 (9-inch) unbaked pie crust
1 cup (6 ounces) semisweet chocolate chips
¼ cup (½ stick) butter or margarine
1 (14-ounce) can **EAGLE BRAND®** Sweetened Condensed Milk (NOT evaporated milk)
½ cup biscuit baking mix
2 eggs
1 teaspoon vanilla extract
1 cup chopped nuts
Vanilla ice cream (optional)

1. Preheat oven to 375°F. Bake pie crust 10 minutes; remove from oven. Reduce oven temperature to 325°F.

2. In small saucepan over low heat, melt chocolate chips with butter.

3. In large bowl, beat chocolate mixture with **EAGLE BRAND®**, biscuit mix, eggs and vanilla until smooth. Stir in nuts. Pour into prepared pie crust.

4. Bake 40 to 45 minutes or until center is set. Cool at least 1 hour. Serve warm or at room temperature with ice cream (optional). Store leftovers covered in refrigerator.

Makes one (9-inch) pie

Raspberry-Topped Lemon Pie

Prep time: 20 minutes

3 egg yolks
1 (14-ounce) can **EAGLE BRAND®** Sweetened Condensed Milk
   (NOT evaporated milk)
½ cup lemon juice
1 (6-ounce) prepared graham cracker pie crust
1 (10- or 12-ounce) package frozen raspberries, thawed
1 tablespoon cornstarch
   Whipped topping

1. Preheat oven to 325°F. In large bowl, with mixer, beat egg yolks and
EAGLE BRAND® until well blended. Stir in lemon juice. Pour into crust.
Bake 30 minutes.

2. In saucepan, combine raspberries and cornstarch; cook and stir until
mixture thickens and is clear. Spoon on top of pie. Chill at least 4 hours.

3. Top with whipped topping. Garnish as desired. Store leftovers covered in
refrigerator.

Makes one pie

Berry Berry Cool Pie

Prep time: 15 minutes

- 1 (14-ounce) can **EAGLE BRAND®** Sweetened Condensed Milk (NOT evaporated milk)
- ½ cup lemon juice
- 1½ to 2 cups assorted fresh berries (raspberries, blueberries or blackberries)
- 1 (8-ounce) container frozen nondairy whipped topping, thawed
- 1 (6-ounce) prepared graham cracker pie crust

1. In large bowl, mix together **EAGLE BRAND®** and lemon juice; combine well. Mix in berries. Fold in whipped topping. Spoon mixture into crust.

2. Freeze 5 hours or until set. Let stand 30 to 40 minutes before serving. Garnish as desired. Store leftovers covered in freezer.

Makes one pie

Almond Fudge-Topped Shortbread

Prep time: 15 minutes

  1 cup (2 sticks) butter or margarine, softened
 ½ cup confectioners' sugar
 ¼ teaspoon salt
1¼ cups all-purpose flour
  2 cups (12 ounces) semisweet chocolate chips
  1 (14-ounce) can **EAGLE BRAND®** Sweetened Condensed Milk
     (NOT evaporated milk)
 ½ teaspoon almond extract
    Sliced almonds, toasted

1. Preheat oven to 350°F. Grease 13×9-inch baking pan. In large bowl, beat butter, confectioners' sugar and salt until fluffy. Add flour; mix well.

2. With floured hands, press evenly into prepared pan. Bake 20 to 25 minutes or until lightly browned.

3. In heavy saucepan over low heat, melt chocolate chips with **EAGLE BRAND®**, stirring constantly. Remove from heat; stir in almond extract. Spread evenly over shortbread.

4. Garnish with almonds; press down firmly. Chill 3 hours or until firm. Cut into bars. Store leftovers covered at room temperature.

Makes 2 to 3 dozen bars

Petite Macaroon Cups

Prep time: 25 minutes

- 1 cup (2 sticks) butter or margarine, softened
- 2 (3-ounce) packages cream cheese, softened
- 2 cups all-purpose flour
- 1 (14-ounce) can **EAGLE BRAND®** Sweetened Condensed Milk (NOT evaporated milk)
- 2 eggs, beaten
- 1½ teaspoons vanilla extract
- ½ teaspoon almond extract
- 1⅓ cups flaked coconut

1. In large bowl, beat butter and cream cheese until fluffy; stir in flour. Cover; chill 1 hour.

2. Preheat oven to 375°F. Divide dough into quarters. On floured surface, shape 1 quarter into smooth ball. Divide into 12 balls. Place each ball in 1¾-inch miniature muffin cup; press evenly on bottom and up side of each cup. Repeat with remaining dough.

3. In medium bowl, combine **EAGLE BRAND®**, eggs, vanilla and almond extract; mix well. Stir in coconut. Fill muffin cups three-fourths full. Bake 16 to 18 minutes or until slightly browned. Cool in pans. Remove from pan using small metal spatula or knife. Store leftovers loosely covered at room temperature.

VARIATION

Chocolate Macaroon Cups: Beat ¼ cup unsweetened cocoa powder into egg mixture; proceed as above.

Makes 4 dozen cups

Peanut Butter Blossom Cookies

Prep time: 25 minutes

- 1 (14-ounce) can **EAGLE BRAND®** Sweetened Condensed Milk (NOT evaporated milk)
- ¾ cup peanut butter
- 2 cups biscuit baking mix
- 1 teaspoon vanilla extract
- ⅓ cup sugar
- 65 solid milk chocolate candy pieces, unwrapped

1. Preheat oven to 375°F. In large bowl, beat **EAGLE BRAND®** and peanut butter until smooth. Add biscuit mix and vanilla; mix well.

2. Shape into 1-inch balls. Roll in sugar. Place 2 inches apart on ungreased baking sheets.

3. Bake 6 to 8 minutes or until lightly browned around edges (do not overbake). Immediately press chocolate candy piece in center of each cookie. Cool. Store leftovers tightly covered at room temperature.

Makes about 5½ dozen cookies

Chocolate
Peanut Butter Chip Cookies

Prep time: 20 minutes

- 8 (1-ounce) squares semisweet chocolate
- 3 tablespoons butter or margarine
- 1 (14-ounce) can **EAGLE BRAND®** Sweetened Condensed Milk (NOT evaporated milk)
- 2 cups biscuit baking mix
- 1 egg
- 1 teaspoon vanilla extract
- 1 cup (6 ounces) peanut butter chips

1. Preheat oven to 350°F. In large saucepan over low heat, melt chocolate and butter with **EAGLE BRAND®**. Remove from heat.

2. Add biscuit mix, egg and vanilla; with mixer, beat until smooth and well blended. Let mixture cool to room temperature. Stir in peanut butter chips.

3. Drop by rounded teaspoonfuls onto ungreased baking sheets. Bake 6 to 8 minutes or until tops are lightly crusted. Cool. Store leftovers tightly covered at room temperature.

Makes about 4 dozen cookies

Chocolate Maple Nut Bars

Prep time: 15 minutes

1½ cups all-purpose flour

⅔ cup granulated sugar

½ teaspoon salt

¾ cup (1½ sticks) cold butter or margarine

2 eggs, divided

1 (14-ounce) can **EAGLE BRAND®** Sweetened Condensed Milk (NOT evaporated milk)

1½ teaspoons maple flavoring

2 cups chopped nuts

1 cup (6 ounces) semisweet chocolate chips

1. Preheat oven to 350°F. In large bowl, combine flour, sugar and salt; cut in butter until crumbly. Stir in 1 beaten egg. Press firmly on bottom of ungreased 13×9-inch baking pan. Bake 25 minutes.

2. In medium bowl, beat **EAGLE BRAND®**, remaining egg and maple flavoring; stir in nuts.

3. Sprinkle chocolate chips evenly over prepared crust. Top with nut mixture; bake 25 minutes longer or until golden. Cool. Cut into bars. Store leftovers tightly covered at room temperature.

Makes 2 to 3 dozen bars

Double Chocolate Cherry Cookies

Prep time: 15 minutes

3½ cups all-purpose flour
¾ cup unsweetened cocoa powder
½ teaspoon baking powder
½ teaspoon baking soda
¼ teaspoon salt
1¾ cups granulated sugar
1¼ cups (2½ sticks) butter or margarine, softened
2 eggs
1 tablespoon vanilla extract
2 (6-ounce) jars maraschino cherries (without stems), well drained and halved (about 72 cherry halves)
1 cup (6 ounces) semisweet chocolate chips
1 (14-ounce) can **EAGLE BRAND®** Sweetened Condensed Milk (NOT evaporated milk)

1. Preheat oven to 350°F. In large bowl, combine flour, cocoa, baking powder, baking soda and salt; set aside.

2. In large bowl, beat sugar and butter until fluffy; add eggs and vanilla; mix well. Stir in flour mixture (dough will be stiff). Shape into 1-inch balls. Place 1 inch apart on ungreased baking sheets. Press cherry half into center of each cookie. Bake 8 to 10 minutes. Cool.

3. In heavy saucepan over low heat, melt chocolate chips with **EAGLE BRAND®**; continue cooking about 3 minutes or until mixture thickens.

4. Frost each cookie, covering cherry. Store leftovers loosely covered at room temperature.

VARIATION

Double Chocolate Pecan Cookies: Prepare cookies as directed, omitting cherries; flatten. Bake as directed and frost tops. Garnish each cookie with pecan half.

Makes about 6 dozen cookies

Walnut Caramel Triangles

Prep time: 20 minutes

   2 cups all-purpose flour
   ½ cup confectioners' sugar
   1 cup (2 sticks) cold butter or margarine
   1 (14-ounce) can **EAGLE BRAND®** Sweetened Condensed Milk
     (NOT evaporated milk)
   ½ cup whipping cream
   1 teaspoon vanilla extract
1½ cups chopped walnuts
     Chocolate Drizzle (recipe follows)

1. Preheat oven to 350°F. In medium bowl, combine flour and confectioners' sugar; cut in butter until crumbly. Press firmly on bottom of ungreased 13×9-inch baking pan. Bake 15 minutes or until lightly browned around edges.

2. In heavy saucepan over medium-high heat, combine **EAGLE BRAND®**, whipping cream and vanilla. Cook and stir until mixture comes to a boil. Reduce heat to medium; cook and stir until mixture thickens, 8 to 10 minutes. Stir in walnuts. Spread evenly over prepared crust.

3. Bake 20 minutes or until golden brown. Cool. Garnish with Chocolate Drizzle. Chill. Cut into triangles. Store leftovers covered at room temperature.

Chocolate Drizzle: Melt ½ cup semisweet chocolate chips with 1 teaspoon shortening. Carefully drizzle on with spoon while warm.

Makes 4 dozen triangles

Holiday Treasure Cookies

Prep time: 10 minutes

1½ cups graham cracker crumbs

½ cup all-purpose flour

2 teaspoons baking powder

1 (14-ounce) can **EAGLE BRAND®** Sweetened Condensed Milk (NOT evaporated milk)

½ cup (1 stick) butter or margarine, softened

1⅓ cups flaked coconut

1¾ cups (10 ounces) mini kisses or milk chocolate or semisweet chocolate baking pieces

1 cup red and green holiday baking bits

1. Preheat oven to 375°F. Grease cookie sheets. In medium bowl, combine graham cracker crumbs, flour and baking powder; set aside.

2. Beat **EAGLE BRAND®** and butter until smooth; add reserved crumb mixture, mixing well. Stir in coconut, chocolate pieces and holiday baking bits. Drop by rounded teaspoonfuls onto prepared cookie sheets.

3. Bake 7 to 9 minutes or until lightly browned. Cool 1 minute; transfer from cookie sheet to wire rack. Cool completely. Store leftovers tightly covered at room temperature.

Makes about 4½ dozen cookies

Chocolate 'n' Oat Bars

Prep time: 15 minutes

- 1 cup all-purpose flour
- 1 cup quick-cooking oats
- ¾ cup firmly packed light brown sugar
- ½ cup (1 stick) butter or margarine, softened
- 1 (14-ounce) can **EAGLE BRAND®** Sweetened Condensed Milk (NOT evaporated milk)
- 1 cup chopped nuts
- 1 cup (6 ounces) semisweet chocolate chips

1. Preheat oven to 350°F (325°F for glass dish). In large bowl, combine flour, oats, brown sugar and butter; mix well. (Mixture will be crumbly.) Reserve ½ cup oat mixture. Press remaining mixture firmly on bottom of ungreased 13×9-inch baking pan. Bake 10 minutes. Remove from oven.

2. Pour **EAGLE BRAND®** evenly over crust. Sprinkle with nuts and chocolate chips. Top with reserved oat mixture; press down firmly.

3. Bake 25 minutes or until lightly browned. Cool. Chill if desired. Cut into bars. Store leftovers covered at room temperature.

Makes 2 to 3 dozen bars

Golden Peanut Butter Bars

Prep time: 20 minutes

- 2 cups all-purpose flour
- ¾ cup firmly packed light brown sugar
- 1 egg, beaten
- ½ cup (1 stick) cold butter or margarine
- 1 cup chopped peanuts
- 1 (14-ounce) can **EAGLE BRAND®** Sweetened Condensed Milk (NOT evaporated milk)
- ½ cup peanut butter
- 1 teaspoon vanilla extract

1. Preheat oven to 350°F. In large bowl, combine flour, brown sugar and egg; cut in butter until crumbly. Stir in peanuts. Reserve 2 cups crumb mixture. Press remaining mixture on bottom of ungreased 13×9-inch baking pan. Bake 15 minutes or until lightly browned.

2. In large bowl, with mixer, beat **EAGLE BRAND®** with peanut butter and vanilla. Spread over prepared crust; top with reserved crumb mixture.

3. Bake 25 minutes or until lightly browned. Cool. Chill if desired. Cut into bars. Store leftovers covered at room temperature.

Makes 2 to 3 dozen bars

Seven-Layer Magic Cookie Bars

Prep time: 10 minutes

- 1½ cups graham cracker crumbs
- ½ cup (1 stick) butter or margarine, melted
- 1 (14-ounce) can **EAGLE BRAND®** Sweetened Condensed Milk (NOT evaporated milk)
- 1 cup (6 ounces) semisweet chocolate chips
- 1 cup (6 ounces) butterscotch chips
- 1⅓ cups flaked coconut
- 1 cup chopped nuts

1. Preheat oven to 350°F (325°F for glass baking pan). In small bowl, combine graham cracker crumbs and butter; mix well. Press firmly on bottom of ungreased 13×9-inch baking pan.

2. Pour **EAGLE BRAND®** evenly over crumb mixture. Layer evenly with remaining ingredients; press down firmly with fork.

3. Bake 25 minutes or until lightly browned. Cool. Chill if desired. Cut into bars or diamonds. Store leftovers covered at room temperature.

Makes 2 to 3 dozen bars

Fudge & Candies

Rocky Road Candy

Prep time: 10 minutes

2 cups (12 ounces) semisweet chocolate chips
1 (14-ounce) can **EAGLE BRAND®** Sweetened Condensed Milk (NOT evaporated milk)
2 tablespoons butter or margarine
2 cups dry-roasted peanuts
1 (10½-ounce) package miniature marshmallows

1. Line 13×9-inch baking pan with foil, extending foil over edges of pan. Butter foil; set aside.

2. In heavy saucepan over low heat, melt chocolate chips, **EAGLE BRAND®** and butter. Remove from heat.

3. In large bowl, combine peanuts and marshmallows; stir in chocolate mixture. Spread in prepared pan. Chill 2 hours or until firm.

4. Remove from pan; peel off foil and cut into squares. Store leftovers loosely covered at room temperature.

Microwave method: In 1-quart glass measure, combine chocolate chips, **EAGLE BRAND®** and butter. Microwave on HIGH (100% power) 3 minutes, stirring after 1½ minutes. Let stand 5 minutes. Proceed as above.

Makes 3½ dozen pieces

Creamy Almond Candy

Prep time: 10 minutes

1½ pounds vanilla-flavored candy coating*

1 (14-ounce) can **EAGLE BRAND®** Sweetened Condensed Milk (NOT evaporated milk)

⅛ teaspoon salt

1 teaspoon almond extract

3 cups (about 1 pound) whole almonds, toasted**

*Also called confectioners' coating.

**To toast almonds, spread in single layer in heavy-bottomed skillet. Cook over medium heat 2 to 3 minutes, stirring frequently, until nuts are lightly browned. Remove from skillet immediately. Cool before using.

1. Line 15×10-inch jelly-roll pan with wax paper; set aside. In heavy saucepan over low heat, melt candy coating with **EAGLE BRAND®** and salt. Remove from heat; stir in almond extract, then almonds.

2. Spread evenly onto prepared pan. Chill 2 hours or until firm.

3. Turn onto cutting board; peel off paper and cut into triangles or squares. Store leftovers tightly covered at room temperature.

Microwave method: In 2-quart glass measure, combine candy coating, **EAGLE BRAND®** and salt. Cook on HIGH (100% power) 3 to 5 minutes, stirring after each 1½ minutes. Stir until smooth. Proceed as above.

Makes about 3¼ pounds

Chocolate and Butterscotch Fudge

Prep time: 10 minutes

- 2 cups (12 ounces) semisweet chocolate chips
- 1 (14-ounce) can **EAGLE BRAND®** Sweetened Condensed Milk (NOT evaporated milk), divided
- ½ cup chopped walnuts (optional)
- 1 teaspoon vanilla extract
- 1 cup butterscotch chips

1. Line 8- or 9-inch square pan with foil, extending foil over edges of pan. Butter foil; set aside.

2. In heavy saucepan over low heat, melt chocolate chips with 1 cup **EAGLE BRAND®**. Remove from heat; stir in nuts (optional) and vanilla. Spread evenly into prepared pan.

3. In clean heavy saucepan over low heat, melt butterscotch chips and remaining **EAGLE BRAND®**. Spread evenly over chocolate layer.

4. Chill 3 hours or until firm. Turn fudge onto cutting board; peel off foil and cut into squares. Store leftovers covered in refrigerator.

Makes about 2 pounds

Candy Crunch

Prep time: 10 minutes

- 4 cups (half of 15-ounce bag) pretzel sticks or pretzel twists
- 4 cups (24 ounces) white chocolate chips
- 1 (14-ounce) can **EAGLE BRAND®** Sweetened Condensed Milk (**NOT** evaporated milk)
- 1 cup dried fruit (dried cranberries, raisins or mixed dried fruit bits)

1. Line 15×10-inch jelly-roll pan with foil. Place pretzels in large bowl.

2. In large saucepan over low heat, melt white chocolate chips with **EAGLE BRAND®**. Cook and stir constantly until smooth. Pour over pretzels, stirring to coat.

3. Immediately spread mixture into prepared pan. Sprinkle with dried fruit; press down lightly with back of spoon. Chill 1 to 2 hours or until set. Break into chunks. Store leftovers loosely covered at room temperature.

Makes about 1¾ pounds

Festive Fudge

Prep time: 10 minutes

- 3 cups (18 ounces) semisweet chocolate chips
- 1 (14-ounce) can **EAGLE BRAND®** Sweetened Condensed Milk (NOT evaporated milk)
- ⅛ teaspoon salt
- ½ to 1 cup chopped nuts (optional)
- 1½ teaspoons vanilla extract

1. Line 8- or 9-inch square pan with foil, extending foil over edges of pan. Butter foil; set aside.

2. In heavy saucepan over low heat, melt chocolate chips with **EAGLE BRAND®** and salt. Remove from heat; stir in nuts (optional) and vanilla. Spread evenly into prepared pan.

3. Chill 2 hours or until firm. Turn fudge onto cutting board; peel off foil and cut into squares. Store leftovers covered in refrigerator.

VARIATIONS

Chocolate Peanut Butter Chip Glazed Fudge:
Proceed as above, but substitute ¾ cup peanut butter chips for nuts. For glaze, melt additional ½ cup peanut butter chips with ½ cup whipping cream; stir until thick and smooth. Spread over chilled fudge.

Marshmallow Fudge:
Proceed as above, but add 2 tablespoons butter to chocolate mixture, and fold in 2 cups miniature marshmallows instead of nuts.

Makes about 2 pounds

Peanut Butter Fudge

Prep time: 20 minutes

- 1 (14-ounce) can **EAGLE BRAND®** Sweetened Condensed Milk (NOT evaporated milk)
- ½ cup creamy peanut butter
- 2 (6-ounce) packages white chocolate squares *or* white baking bars, chopped
- ¾ cup chopped peanuts
- 1 teaspoon vanilla extract

1. Line 8- or 9-inch square pan with foil, extending foil over edges of pan. Butter foil; set aside.

2. In heavy saucepan over medium heat, cook **EAGLE BRAND®** and peanut butter just until bubbly, stirring constantly. Remove from heat. Stir in white chocolate until smooth. Immediately stir in peanuts and vanilla.

3. Spread evenly into prepared pan. Cool. Cover and chill 2 hours or until firm. Turn fudge onto cutting board; peel off foil. Cut into squares. Store leftovers covered in refrigerator.

Makes about 2¼ pounds

Cakes

Strawberry
Cream Cheese Shortcake

Prep time: 20 minutes

2 cups biscuit baking mix

2 tablespoons sugar

½ cup (1 stick) butter or margarine, softened

⅓ cup warm water

1 (8-ounce) package cream cheese, softened

1 (14-ounce) can **EAGLE BRAND®** Sweetened Condensed Milk
(NOT evaporated milk)

⅓ cup lemon juice

1 teaspoon vanilla extract

1 quart (about 1½ pounds) fresh strawberries, cleaned, hulled
and sliced

1 (13.5- or 16-ounce) package prepared strawberry glaze, chilled

Whipped topping or whipped cream

1. Preheat oven to 400°F. Lightly grease 9-inch square baking pan. In small bowl, combine biscuit mix and sugar. Add butter and water; beat until well blended.

2. Turn into prepared pan; with floured hands or spoon, press evenly over bottom. Bake 10 to 12 minutes or until lightly browned. Cool.

3. In large bowl, beat cream cheese until fluffy. Gradually beat in **EAGLE BRAND®** until smooth. Stir in lemon juice and vanilla. Spread evenly over shortcake layer. Chill at least 3 hours or until set. Cut into squares.

4. In bowl, combine strawberries and glaze. Spoon over shortcake just before serving. Garnish with whipped topping. Store leftovers covered in refrigerator.

Makes one (9-inch) cake

Coconut Lemon Torte

Prep time: 15 minutes

1 (14-ounce) can **EAGLE BRAND®** Sweetened Condensed Milk
   (NOT evaporated milk)
2 egg yolks
½ cup lemon juice
1 teaspoon grated lemon rind (optional)
   Yellow food coloring (optional)
1 (18.25- or 18.5-ounce) package white cake mix
1 (4-ounce) container frozen nondairy whipped topping,
   thawed (1¾ cups)
   Flaked coconut

1. In medium saucepan, combine **EAGLE BRAND®**, egg yolks, lemon
juice, lemon rind (optional) and food coloring (optional). Over medium heat,
cook and stir until slightly thickened, about 10 minutes. Chill.

2. Preheat oven to 350°F. Grease and flour two 9-inch round layer cake
pans. Prepare and bake cake mix as package directs. Pour batter into
prepared pans. Bake 30 minutes or until lightly browned. Remove from
pans; cool thoroughly.

3. With sharp knife, remove crust from top of each cake layer. Split layers.
Spread equal portions of lemon mixture between layers and on top to
within 1 inch of edge.

4. Frost side and 1-inch rim on top of cake with whipped topping. Coat
side of cake with coconut; garnish as desired. Store leftovers covered in
refrigerator.

Makes one (9-inch) cake

Surprise-in-a-Pocket Cupcakes

Prep time: 40 minutes

   3 eggs, divided
   2 (3-ounce) packages cream cheese, softened
   1 (14-ounce) can **EAGLE BRAND®** Sweetened Condensed Milk
      (NOT evaporated milk), divided
   1 (18.25- or 18.5-ounce) package chocolate cake mix
1⅓ cups water
      Chocolate Frosting (recipe follows)
      Suggested decorations: colored sugar, small multicolored
      decorative candies and crushed cookies

1. Preheat oven to 375°F. Place paper liners in 36 (2½-inch) muffin cups.
Separate 1 egg yolk from white. In large bowl, beat cream cheese until fluffy.
Gradually beat in ⅓ cup **EAGLE BRAND®** and egg yolk; set aside.

2. In large bowl, combine cake mix, remaining **EAGLE BRAND®**, water,
2 eggs and egg white. With mixer, beat on low speed until moistened; beat
on high speed 2 minutes.

3. Divide batter among prepared muffin cups, filling each ⅔ full. Add rounded
teaspoonful of cream cheese mixture to center of each muffin tin.

4. Bake 18 minutes or until tops spring back when lightly touched. (Filling
will sink during baking). Cool on wire rack.

5. Frost cupcakes with Chocolate Frosting (about 2 tablespoons each).
Decorate one at a time (do not wait until end to decorate, as top of frosting
sets quickly). Store leftovers at room temperature.

Makes 3 dozen cupcakes

Chocolate Frosting

   1 (14-ounce) can **EAGLE BRAND®** Sweetened Condensed Milk
      (NOT evaporated milk)
   1 cup (6 ounces) semisweet chocolate chips
  ⅛ teaspoon salt
   2 cups confectioners' sugar
   1 teaspoon vanilla extract

1. In heavy medium-sized saucepan, combine **EAGLE BRAND®**, chocolate chips and salt. Cook and stir over medium heat until chips melt. Cook and stir 3 minutes more. Remove from heat; cool 15 minutes.

2. With mixer, beat in confectioners' sugar and vanilla until smooth.

Holiday Mini Cherry Pound Cakes

Prep time: 25 minutes

1¼ cups (2½ sticks) butter or margarine, softened
2¾ cups granulated sugar
 5 eggs
 1 teaspoon vanilla extract
 3 cups all-purpose flour
 1 teaspoon baking powder
 ¼ teaspoon salt
 1 (14-ounce) can **EAGLE BRAND®** Sweetened Condensed Milk (NOT evaporated milk)
 2 cups quartered maraschino cherries, well drained

1. Preheat oven to 350°F. Grease and flour 6 mini loaf pans. In large bowl, beat butter, sugar, eggs and vanilla with electric mixer on low speed until blended, then on high speed 5 minutes until light and fluffy.

2. Combine flour, baking powder and salt. Add flour mixture alternately with **EAGLE BRAND®** to creamed mixture, mixing lightly after each addition. Fold in cherries. Turn batter evenly into prepared pans.

3. Bake 45 minutes or until light brown. Let cool in pan 5 minutes; invert loaves onto rack and let cool completely. Store leftovers covered.

Tip: Create delicious homemade gifts by baking cakes in decorative aluminum loaf pans and wrapping with a festive bow.

Makes 6 mini loaves

Apple Spice Custard Cake

Prep time: 15 minutes

1 (18.25- or 18.5-ounce) package spice cake mix
2 medium apples, peeled, cored and chopped
1 (14-ounce) can **EAGLE BRAND®** Sweetened Condensed Milk
   (NOT evaporated milk)
1 (8-ounce) container sour cream
¼ cup lemon juice
   Ground cinnamon (optional)

1. Preheat oven to 350°F. Grease and flour 13×9-inch baking pan. Prepare cake mix according to package directions.

2. Stir in apples. Pour batter into prepared pan. Bake 30 to 35 minutes or until toothpick inserted near center comes out clean.

3. In medium bowl, combine **EAGLE BRAND®** and sour cream; mix well. Stir in lemon juice. Remove cake from oven; spread sour cream mixture evenly over hot cake.

4. Return to oven; bake 5 minutes or until set. Sprinkle with cinnamon (optional). Cool. Chill. Store leftovers covered in refrigerator.

Makes one (13×9-inch) cake

Frozen Treats

Strawberry Sundae Dessert

Prep time: 20 minutes

2 cups finely crushed chocolate wafer cookies* or crème-filled sandwich cookies (about 24 cookies)

½ cup (1 stick) butter or margarine, melted

1 (14-ounce) can **EAGLE BRAND®** Sweetened Condensed Milk (**NOT** evaporated milk)

1 tablespoon vanilla extract

2 cups (1 pint) whipping cream, whipped

2 (10-ounce) packages frozen strawberries, thawed (5 cups)

¼ cup sugar

1 tablespoon lemon juice

2 teaspoons cornstarch

*One 9-ounce package of chocolate wafer cookies yields 2 cups crumbs.

1. In small bowl, combine wafer crumbs and butter. Press half of crumb mixture on bottom of 9-inch square baking pan.

2. In large bowl, combine **EAGLE BRAND®** and vanilla. Fold in whipped cream. Pour into crust.

3. In blender or food processor, combine strawberries, sugar and lemon juice; blend until smooth. Spoon ¾ cup strawberry mixture evenly over cream mixture. Top with remaining crumb mixture. Cover; freeze 6 hours or until firm.

4. In small saucepan over medium heat, combine remaining strawberry mixture and cornstarch. Cook and stir until thickened. Cool. Chill.

5. Cut dessert into squares; serve with sauce. Store leftovers covered in freezer; refrigerate leftover sauce.

Makes 6 to 9 servings

Classic Vanilla Ice Cream

Prep time: 10 minutes

- 1 **vanilla bean** or 2 tablespoons **vanilla extract**
- 2 cups (1 pint) **half-and-half**
- 2 cups (1 pint) **whipping cream**
- 1 (14-ounce) can **EAGLE BRAND®** Sweetened Condensed Milk (NOT evaporated milk)

1. Split vanilla bean lengthwise and scrape out seeds (or use vanilla extract). In large bowl, combine vanilla seeds or extract, half-and-half, whipping cream and **EAGLE BRAND®**; mix well.

2. Pour into ice cream freezer container. Freeze according to manufacturer's instructions. Store leftovers covered in freezer.

Refrigerator-freezer method: Omit half-and-half. Whip whipping cream. In large bowl, combine **EAGLE BRAND®** and vanilla. Fold in whipped cream. Pour into 9×5-inch loaf pan or other 2-quart container. Cover. Freeze 6 hours or until firm. Store leftovers covered in freezer.

Makes about 1½ quarts

Peppermint Ice Cream Gems

Prep time: 25 minutes

- 3 cups finely crushed crème-filled chocolate sandwich cookies (about 36 cookies)
- ½ cup (1 stick) butter or margarine, melted
- 1 (14-ounce) can **EAGLE BRAND®** Sweetened Condensed Milk (NOT evaporated milk)
- ¼ cup white crème de menthe *or* ½ teaspoon peppermint extract
- 2 tablespoons peppermint schnapps
- 1 to 2 drops red or green food coloring (optional)
- 2 cups (1 pint) whipping cream, whipped (NOT nondairy whipped topping)

1. Place paper liners in 24 (2½-inch) muffin cups. In medium bowl, combine cookie crumbs and butter. Using back of spoon, press 2 rounded tablespoons crumb mixture on bottom and up sides of prepared muffin cups.

2. In large bowl, combine **EAGLE BRAND®**, crème de menthe, schnapps and food coloring (optional). Fold in whipped cream.

3. Spoon mixture into crusts. Freeze 6 hours or until firm. To serve, remove paper liners. Garnish as desired. Store leftovers covered in freezer.

Makes 2 dozen gems

Mint Chocolate Chip Ice Cream

Prep time: 10 minutes

- 1 (14-ounce) can **EAGLE BRAND®** Sweetened Condensed Milk (NOT evaporated milk)
- 2 teaspoons peppermint extract

  Green food coloring (optional)
- 2 cups (1 pint) half-and-half
- 2 cups (1 pint) whipping cream
- ¾ cup semisweet miniature chocolate chips

1. In large bowl, combine **EAGLE BRAND®**, peppermint extract and food coloring (optional); mix well. Stir in remaining ingredients.

2. Pour into ice cream freezer container. Freeze according to manufacturer's instructions. Store leftovers covered in freezer.

Refrigerator-freezer method: Omit half-and-half. Whip whipping cream. In large bowl, combine **EAGLE BRAND®**, peppermint extract and food coloring (optional); mix well. Fold in whipped cream and ½ cup miniature chocolate chips. Pour into 9×5-inch loaf pan or other 2-quart container. Cover. Freeze 6 hours or until firm. Store leftovers covered in freezer.

Makes about 1½ quarts

Cherry Cordial Ice Cream

Prep time: 10 minutes

- 2 cups (1 pint) half-and-half
- 2 cups (1 pint) whipping cream
- 1 (14-ounce) can **EAGLE BRAND®** Sweetened Condensed Milk (NOT evaporated milk)
- 1 (10-ounce) jar maraschino cherries (without stems), well drained and chopped (about 1 cup)
- ¾ cup semisweet miniature chocolate chips
- 1 tablespoon vanilla extract
- ½ teaspoon almond extract

1. In ice cream freezer container, combine all ingredients; mix well.

2. Freeze according to manufacturer's instructions. Store leftovers covered in freezer.

Refrigerator-freezer method: Omit half-and-half. Whip whipping cream. In large bowl, combine **EAGLE BRAND®**, ½ cup chopped maraschino cherries, ½ cup miniature chocolate chips, 2 teaspoons vanilla and ¼ teaspoon almond extract; mix well. Fold in whipped cream. Pour into 9×5-inch loaf pan or other 2-quart container. Cover. Freeze 6 hours or until firm. Store leftovers covered in freezer.

*Makes about
1½ quarts*

Desserts

Vanilla Mint Cream Puffs

Prep time: 20 minutes

12 Cream Puffs (recipe follows)
1 (14-ounce) can **EAGLE BRAND®** Sweetened Condensed Milk
  (NOT evaporated milk)
2 tablespoons white crème de menthe liqueur
2 tablespoons cold water
1 (4-serving size) package instant vanilla pudding and pie filling mix
1 cup (½ pint) whipping cream, whipped until stiff
  Confectioners' sugar
  Hot Fudge Sauce (optional, recipe follows)

1. Prepare Cream Puffs in advance.

2. In large bowl, combine **EAGLE BRAND®**, liqueur and water. Add pudding mix; beat well. Chill 5 minutes. Fold in whipped cream. Chill.

3. Just before serving, fill cream puffs; sprinkle with confectioners' sugar. Serve with Hot Fudge Sauce (optional). Store leftovers covered in refrigerator.

Makes 12 servings

Cream Puffs

1 cup water
½ cup (1 stick) butter or margarine
1 cup all-purpose flour
4 eggs

1. Preheat oven to 400°F. In medium saucepan, heat water and butter to a rolling boil. Stir in flour. Reduce heat to low; stir rapidly until mixture forms a ball, about 1 minute. Remove from heat. Add eggs; beat until smooth.

2. Using about ¼ cup for each puff, drop dough 3 inches apart onto ungreased baking sheets. Bake 35 to 40 minutes or until puffed and golden. Cool. To serve, split and remove any dough from centers of puffs.

Makes 12 puffs

Continued on page 70

Continued from page 69

Hot Fudge Sauce

- **1 cup (6 ounces) semisweet chocolate chips *or* 4 (1-ounce) squares semisweet chocolate**
- **2 tablespoons butter or margarine**
- **1 (14-ounce) can EAGLE BRAND® Sweetened Condensed Milk (NOT evaporated milk)**
- **2 tablespoons water**
- **1 teaspoon vanilla extract**

In heavy saucepan over medium heat, melt chocolate chips and butter with **EAGLE BRAND®** and water. Cook and stir constantly until thickened, about 5 minutes. Add vanilla. Serve warm over cream puffs. Store leftovers covered in refrigerator.

Makes about 2 cups

Chocolate Peanut Butter Dessert Sauce

Prep time: 15 minutes

- **2 (1-ounce) squares semisweet chocolate, chopped**
- **2 tablespoons creamy peanut butter**
- **1 (14-ounce) can EAGLE BRAND® Sweetened Condensed Milk (NOT evaporated milk)**
- **2 tablespoons milk**
- **1 teaspoon vanilla extract**
  Fresh fruit, ice cream or cake

1. In medium saucepan over medium-low heat, melt chocolate and peanut butter with **EAGLE BRAND®** and milk, stirring constantly. Remove from heat; stir in vanilla. Cool slightly.

2. Serve warm as fruit dipping sauce or over ice cream or cake. Store leftovers covered in refrigerator.

Makes about 1½ cups

Chocolate Peanut Butter
Dessert Sauce

French Apple Bread Pudding

Prep time: 20 minutes

- 4 cups cubed French bread
- ½ cup raisins (optional)
- 3 eggs
- 1 (14-ounce) can **EAGLE BRAND®** Sweetened Condensed Milk (NOT evaporated milk)
- 3 medium apples, peeled, cored and finely chopped
- 1¾ cups hot water
- ¼ cup (4 tablespoons) butter or margarine, melted
- 1 teaspoon ground cinnamon
- 1 teaspoon vanilla extract
- Vanilla ice cream (optional)

1. Preheat oven to 350°F. Combine bread cubes and raisins (optional) in buttered 9-inch square baking pan.

2. In large bowl, beat eggs. Add **EAGLE BRAND®**, apples, water, butter, cinnamon and vanilla. Pour evenly over bread cubes, moistening completely.

3. Bake 50 to 55 minutes or until knife inserted near center comes out clean. Cool slightly. Serve warm with ice cream (optional). Store leftovers covered in refrigerator.

Makes 6 to 9 servings

Citrus-Filled Meringues

Prep time: 30 minutes

8 (3-inch) Meringue Shells (recipe follows)
1 (14-ounce) can **EAGLE BRAND®** Sweetened Condensed Milk
   (NOT evaporated milk)
½ cup frozen limeade concentrate, thawed
2 tablespoons lemon juice
2 egg yolks
   Green or yellow food coloring (optional)
1 (4-ounce) container frozen nondairy whipped topping,
   thawed (1¾ cups)

1. Prepare Meringue Shells in advance.

2. In medium saucepan, combine **EAGLE BRAND®**, limeade, lemon juice and egg yolks; mix well. Over medium heat, cook and stir rapidly until hot and slightly thickened. Remove from heat; cool 15 minutes. Chill thoroughly, about 30 minutes.

3. Stir in food coloring (optional). Fold in whipped topping. Chill until ready to serve. Spoon into Meringue Shells just before serving. Garnish as desired. Store leftovers covered in refrigerator.

Makes 8 servings

Meringue Shells

3 egg whites, at room temperature
1 teaspoon vanilla extract
¼ teaspoon cream of tartar
¼ teaspoon salt
¾ cup sugar

1. Preheat oven to 250°F. Cover baking sheets with parchment paper or brown paper. Draw 8 (3-inch) circles about 2 inches apart on paper; set aside.

2. In large bowl, combine egg whites, vanilla, cream of tartar and salt. Beat with electric mixer on medium speed until soft peaks form. On high speed, gradually beat in sugar until stiff but not dry. With pastry bag and star tip, pipe meringue within circles on paper; pipe rim to form shell. (Or spoon meringue within circles, forming hollow in center.)

3. Bake 1 hour. Turn off oven; leave meringues in oven 1 hour. Cool at room temperature. Store tightly covered at room temperature.

Makes 8 shells

Chocolate Mousse
& Raspberries

Prep time: 10 minutes

4 (1-ounce) squares unsweetened chocolate
1 (14-ounce) can **EAGLE BRAND®** Sweetened Condensed Milk
  (NOT evaporated milk)
2 teaspoons vanilla extract
2 cups (1 pint) whipping cream, whipped
⅔ cup water
¼ cup red raspberry jam
3 tablespoons confectioners' sugar
1 tablespoon cornstarch
1 cup frozen raspberries

1. In heavy saucepan over medium-low heat, melt chocolate and
EAGLE BRAND®; stir in vanilla. Pour into large bowl; cool to room
temperature, about 1½ hours.

2. Beat until smooth. Fold in whipped cream. Spoon into 8 to 10 dessert
dishes. Chill thoroughly.

3. In small saucepan, combine water, jam, confectioners' sugar and
cornstarch. Cook and stir until thickened and clear. Cool. Stir in raspberries.

4. Top each serving with raspberry topping and serve. Store leftovers
covered in refrigerator.

Makes 8 to 10 servings

Dutch Apple Dessert

Prep time: 25 minutes

5 medium apples, peeled, cored and sliced
1 (14-ounce) can **EAGLE BRAND®**
   Sweetened Condensed Milk (NOT evaporated milk)
1 teaspoon ground cinnamon
½ cup (1 stick) plus 2 tablespoons cold butter or margarine, divided
1½ cups biscuit baking mix, divided
½ cup firmly packed brown sugar
½ cup chopped nuts
   Vanilla ice cream (optional)

1. Preheat oven to 325°F. Grease 9-inch square baking pan. In medium bowl, combine apples, **EAGLE BRAND®** and cinnamon.

2. In large bowl, cut ½ cup butter into 1 cup biscuit mix until crumbly. Stir in apple mixture. Pour into prepared pan.

3. In small bowl, combine remaining ½ cup biscuit mix and brown sugar; cut in 2 tablespoons butter until crumbly; add nuts. Sprinkle evenly over apple mixture.

4. Bake 1 hour or until golden. Serve warm with ice cream (optional). Store leftovers covered in refrigerator.

Microwave method: In 2-quart round baking dish, prepare as above. Microwave on HIGH (100% power) 14 to 15 minutes, rotating dish after 7 minutes. Let stand 5 minutes.

Makes 6 to 8 servings